SIC

ARTE-CORREO Y POEINSTANTES
(ARCHIESCRITURAS)

CÉSAR ESPINOSA

SIC

ARTE-CORREO Y POEINSTANTES
(ARCHIESCRITURAS)

CÉSAR ESPINOSA

Prefacio de John M. Bennett
"De las mutaciones" de Araceli Zúñiga
"Las escrituras de la mirada" de **CÉSAR ESPINOSA**

LUNA BISONTE PRODS
2021

SIC
ARTE-CORREO Y POEINSTANTES (ARCHIESCRITURAS)

CÉSAR ESPINOSA

© César Espinosa 2021
Preface/Prefacio © John M. Bennett 2021
De las mutaciones © Araceli Zúñiga 2021
Las Escrituras de la Mirada © César Espinosa 2021

El arte de las tapas por César Espinosa

Diseño del libro por C. Mehrl Bennett

ISBN 9781938521720

https://www.lulu.com/spotlight/lunabisonteprods

LUNA BISONTE PRODS
137 Leland Ave.
Columbus, OH 43214 usa

Preface

Dr. John M. Bennett

César Espinosa, well known as a great promoter and scholar of visual and experimental poetry, is for some readers less well-known as a first-rate visual poet himself. It is long overdue to make a compilation of some of his work in that field, which is what he has done with this selection of his series *SIC*, which he has been working on for many years.

For this edition, Espinosa has written an informative essay on the long international and interethnic history of visual poetry, with special emphasis on México, which includes a detailed presentation on the *Bienales Internacionales de la Poesía Visual y Experimental* which began in 1985 and ended 30 years later, directed and organized by him and his companion Araceli Zúñiga. Espinosa's essay concludes with a summary of visual and experimental poetry in Latin America, and with some observations on the international cultures and ideologies of visual poetry, as well as the two *"Declaraciones del Chopo"* of 1986 and 2012 on the social and cultural importance of these poetries.

Araceli Zúñiga also adds some general and very interesting observations on Latin American experimental poetry, and on the Mexican context of that practice, with references to Ulises Carrión, and to the pre-colombian Tlacuilos (Náhua writers/painters), among others. She quotes Carrión, from his *El nuevo arte de hacer libros: "Un libro es una secuencia de espacios":* a pronouncement that gives much food for thought, not only for visual poetry, but for all books, including this one, exhorting the reader to see the negative spaces, or what is missing, or what contradicts the book. It's the idea that reality is a union of opposites, a very mesoamerican concept, and a universal one.

But let's look at the visual work of César Espinosa, which in my view is unique. It has a strong critical, ideational, political, and cultural content which focuses on Mexican and international politics (regarding the latter, with special reference to the United States), the marginalizing of indigenous and pre-colombian cultures, employment, capitalism and the resistence to capitalism, and related themes. In many of the works the word *SIC* is included, as a kind of title and/or commentary on something harmful, as in the work *LIMITE DEL BARRIO NEGRO - SIC* (p. 26).

That word *SIC*, which means that there is an unacceptable error, is also present in three works as the principal graphic element, dominating strips of newsprint dealing with unemployment, with traitors, political demonstrations, disconnected letters, and fragments of words. As if it were all a big mistake. These three works are the most purely "graphic" in the book, but their social content is clear. (pp. 16-18)

In order to discuss in greater depth one of Espinosa's works, I have chosen the *SIC* on p. 29, where there are two superimposed images, one of a street scene with a sign for the "Cineteca Nacional", and a photo of an ancient Maya painting, of a king on a platform speaking to two subordinates. On the ground are some tamales, and on the platform what could be a jar of chocolate. The painting appears to be on a ceramic object.

This apparently simple collage presents several ideas, all ambiguous to some extent. Let's look at some of the differences between the two images. The Maya painting is done by hand, with earthen colors and glyphic writing done by hand. The image of the street contains manufactured things: pavement, iron sewer, light posts, signs with industrial typography. But there are also some trees, and, most interesting here, grafitti (done by hand) on one of the posts. It's as if the world of things made, shall we say, somatically, the world of the Maya, existed as a rebellious irruption into the "artificial" world of the street. Note that the word *SIC* is on the "artificial" side of the collage. That is, that world is perhaps a mistake with respect to the "authentic" world of the Maya. The Maya painting is on top of the image of the street, in the foreground. As if it were more important. Also, there are some traffic lights in the street, with red lights to indicate "*stop*".

But distancing ourselves a bit, we might think with what is presented here, beyond a simple commentary about the value of this or that culture or historical period, that what is presented is a totalizing vision or image, a cultural/historical unity in which the past forms part of the present – which is not, in fact, a past, but a living thing, encarnate in the marrow of the present.

Is this what the sign "Cineteca Nacional" implies? (An important institution near Coyoacán, Mexico City) That the Maya image exists as a kind of cinema or film in the present? This possibility is reinforced by the wave-like distortion, which is the same in both images. As if the past, as well as the present, were distorted by the passage of time.

These considerations mean that these works of César Espinosa are true visual poems, because the visual joined with the textual is used to create complex and at root ambiguous ideas and visualities, qualities of the best poetry of all times. A poetry in which the reader, and one certainly has to *read* these works, sees him/her self with some or all of her/his contradictions and ideas, as in a mirror.

Columbus, OH, usa – December 2020

Prefacio

Dr. John M. Bennett

César Espinosa, bien conocido como gran promotor e investigador de la poesía visual y experimental, es para algunos menos conocido como poeta visual de primera categoría. Ya está pasada la hora de hacer una compilación de su obra en ese campo, lo que él nos ha hecho con esta selección de la serie *SIC*, que ha hecho durante muchos años.

Espinosa ha hecho para esta edición un ensayo informativo sobre la larga historia internacional e interétnica de la poesía visual, con énfasis especial en México, que incluye una presentación detallada de los *Bienales Internacionales de la Poesía Visual y Experimental* que empezaron en 1985 para terminar 30 años más tarde, dirigidas y organizadas por él y su compañera Araceli Zúñiga. El ensayo de Espinosa concluye con un resumen de la poesía visual/experimental en Latinoamérica, y unas observaciones sobre las culturas e ideologías internacionales de la poesía visual y las dos "*Declaraciones del Chopo*" de 1986 y 2012 sobre el importe cultural y social de esas poesías.

También Araceli Zúñiga añade unas observaciones generales y muy interesantes sobre la poesía experimental latinoamericana, y sobre el contexto mexicano de la práctica, con referencias a Ulises Carrión, y los Tlacuilos pre-colombinos (escritores/pintores Náhuas), entre otros. Cita a Carrión, de su *El nuevo arte de hacer libros*: "*Un libro es una secuencia de espacios*": dictamen que da mucho en qué pensar, no sólo para la poesía visual, sino para todos los libros, incluso éste, instando al lector a ver los espacios negativos, o lo que falta, o lo que contradice el libro. Es la idea de que la realidad es una unidad de opuestos, concepto muy mesoamericano, y universal.

Pero fijémonos en la obra visual de César Espinosa, que a mi manera de ver es única. Tiene un fuerte contenido crítico, ideacional, político, y cultural que versa sobre la política mexicana e internacional (este último con referencia especial a los Estados Unidos), la marginación de las culturas indígenas y precolombinas, el empleo, el capitalismo y la resistencia al capitalismo, y temas paralelos. En muchas de las obras se incluye la palabra *SIC* como una especie de título y/o comentario sobre algo nocivo, como en la obra *LIMITE DEL BARRIO NEGRO - SIC* (p. 29).

Esa palabra *SIC*, que quiere decir que hay un error no aceptable, también figura en tres obras como el elemento gráfico principal, dominando tiras de periódicos que tratan del desempleo, de traidores, manifestaciones políticas, letras desconectadas, y fragmentos de palabras. Como si todo fuera un gran error. Estas tres obras son lo más puramente "gráficas" del libro, pero su contenido social es patente. (pp. 16-18)

Para comentar con más detalle una de las obras, me fijo en el *SIC* de la p. 26, donde hay dos imágenes juntas, una de una escena callejera con un letrero direccional para la "Cineteca Nacional", y una foto de una pintura antigua Maya, con un rey en una plataforma hablando a dos súbditos. En el piso, hay unos tamales, y en la plataforma lo que puede ser una jarra con chocolate. La pintura es, al parecer, sobre un objeto cerámico.

Este collage, al parecer simple, presenta varias ideas, todas ambiguas hasta cierto punto. Fijémonos en algunas de las diferencias entre las dos imágenes. La pintura Maya está hecha a mano, con colores terrosos y con escritura glífica hecha a mano. La imagen de la calle contiene cosas manufacturadas: pavimento, alcantarilla de hierro, postes de luz, letreros con tipografía industrial. Pero también hay unos árboles, y, lo más interesante aquí, grafitti (hecha a mano) en uno de los postes. Es como si el mundo de cosas hechas, digamos, somáticamente, el mundo de los Maya, existiera como una irrupción rebelde en el mundo "artificial" de la calle. Es de notar que la palabra *SIC* está en el lado "artificial" del collage. Es decir, que ese mundo tal vez sea un error con respecto al mundo "auténtico" Maya. La pintura Maya está por encima de la imagen de la calle, en primer plano. Como si fuera más importante. También hay, en la calle, unos semáforos de tráfico, con el rojo iluminado, para indicar "*parar*".

Pero alejándonos un poco, pudiéramos pensar que lo que se presenta aquí, más allá de un simple comentario sobre el valor de tal o cual cultura o período histórico, que lo que se presenta es una vista o imagen totalizante, una unidad cultural/histórica en que el pasado forma parte del presente – que no es, en rigor, un pasado, sino una cosa viva, encarnada en el meollo del presente.

¿Es esto lo que implica el letrero "Cineteca Nacional"? (Una institución importante cerca de Coyoacán, Ciudad de México) ¿Que la imagen Maya existe como una suerte de cinema en el presente? Esta posibilidad se refuerza por la distorsión como oleaje, que es igual en las dos imágenes. Como si el pasado, y también el presente, fueran distorsionados por el pasar del tiempo.

Estas consideraciones quieren decir que estas obras de César Espinosa son verdaderos poemas visuales, porque lo visual junto con lo textual se usa para crear ideas y visualidades complejas y en el fondo ambiguas, calidades de la mejor poesía de siempre. Una poesía en que el lector, y por cierto hay que *leer* estas obras, se ve a sí mismo con algunas o todas sus contradicciones e ideas, como en un espejo.

Columbus, OH, usa – Diciembre de 2020

AUTOGRAFÍA VISUAL   CÉSAR ESPINOSA
                     80 AÑOS Y PICO

1980 –SIC
ARTE-CORREO Y POEINSTANTES
(archiescrituras)
César Espinosa V. (Ciudad de México, 1939)

A principios de los años 1980 formaba yo parte del Frente Mexicano de Trabajadores de la Cultura y del grupo de arte-correo Colectivo-3, que convocó a la muestra de arte-correo Poema Colectivo "Revolución", la cual llegó a tener 360 participantes. Nuestras acciones eran en apoyo de la recién triunfante revolución nicaragûense y la que estaba en curso en El Salvador.

Corrían los tiempos del atentado contra Ronald Reagan, seguido del ataque al Papa Paulo y a John Lenon, entre otras figuras; Reagan se dedicaba a apoyar a los "Contras" en Nicaragua y El Salvador, invadía Jamaica y Panamá y llenaba de misiles intermedios a sus aliados en Europa para combatir a los soviéticos, lo cual llamé "Euroshima" en una muestra de tarjetas postales.

Debido a los avatares anteriores bauticé "Poeinstantes" a mi producción gráfica-poética que trataba de "El Atentado" a Reagan y al Papa Paulo, y también "USA EN CRISIS", después del conflicto en Vietnam y las tropelías reaganianas. No pasé por alto la situación en México de hiperinflación, impago a la deuda y comienzos del corporativismo llamado neoliberalismo, en la serie que bauticé "México en foco". Además de las varias series "SIC".

A mediados de la década decidimos poner en marcha la *Bienal Internacional de Poesía Visual-Experimental* (1985-2009, con 10 ediciones, que tuvieron alrededor de mil participantes), junto con mi compañera Araceli Zúñiga y un grupo de camaradas mexicanos que aparecen en el pequeño libro *Signos corrosivos. Selección de textos sobre poesía visual-concreta-experimental-alternativa*, cuya segunda edición fue hecha por nuestros amigos de Ediciones del Lirio, aunque no llegó a ser presentada por el confinamiento del Covid-19.

Desde cerca de los años 90 y primeros lustros del siglo actual el trabajo que inscribo en la poesía visual aparece bajo el signo *SIC* y eso me permite intentar una presencia gráfica-textual en torno a una serie de situaciones polémicas, sobre todo en mi natal México. Me permito ponerlos a su gentil atención.

DEDICATORIAS:
Para Araceli, compañera de vida y gran colega
Para Rodolfo, nuestro hijo (que nos cuida)
Para Matías, nuestro amado nieto (juego y curiosidad)
Para Argentina, nuestra afable nuera

SIC
CÉSAR ESPINOSA

2005 - 2015   SIC Tea Party

1982 - El Atentado 2

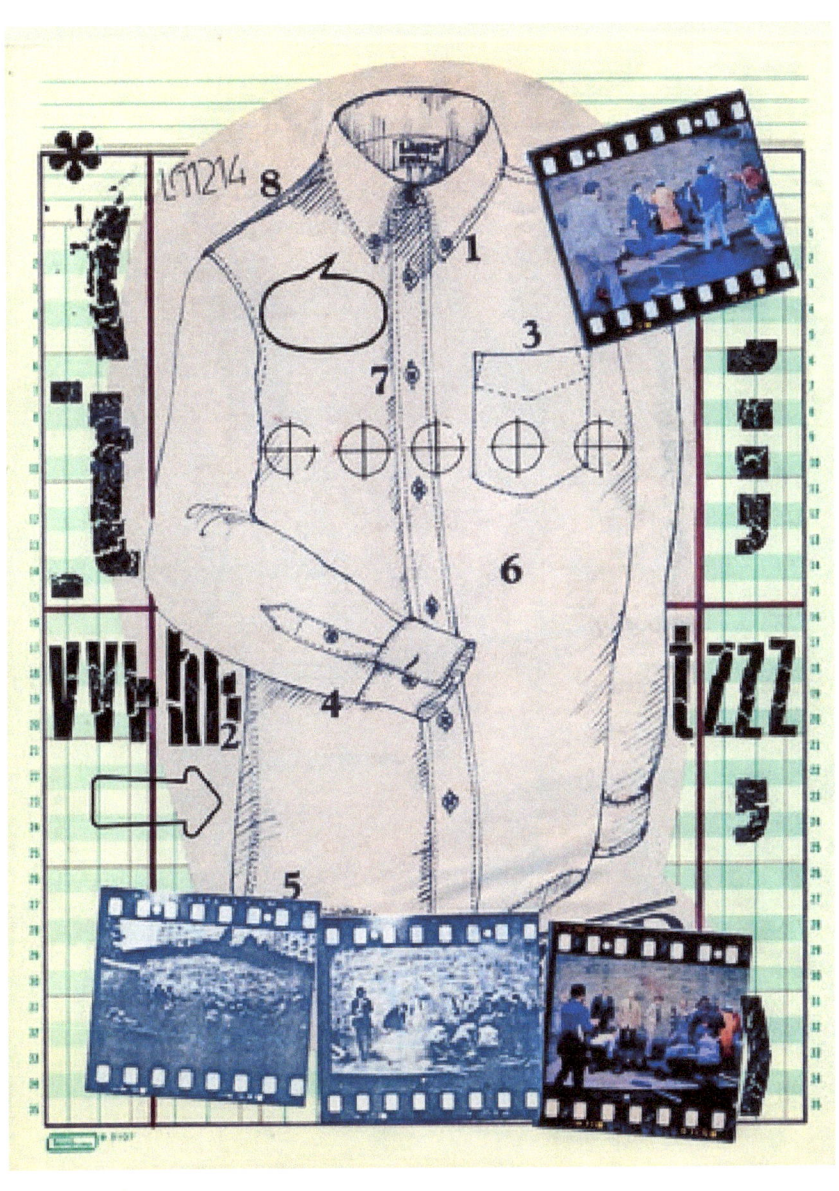

1982 - El Atentado 5

1983 - USA En Crisis 1

1983 - USA En Crisis 2

1983 - USA En Crisis 3

1983 - USA En Crisis 4

1983 - 1984 SIC 1

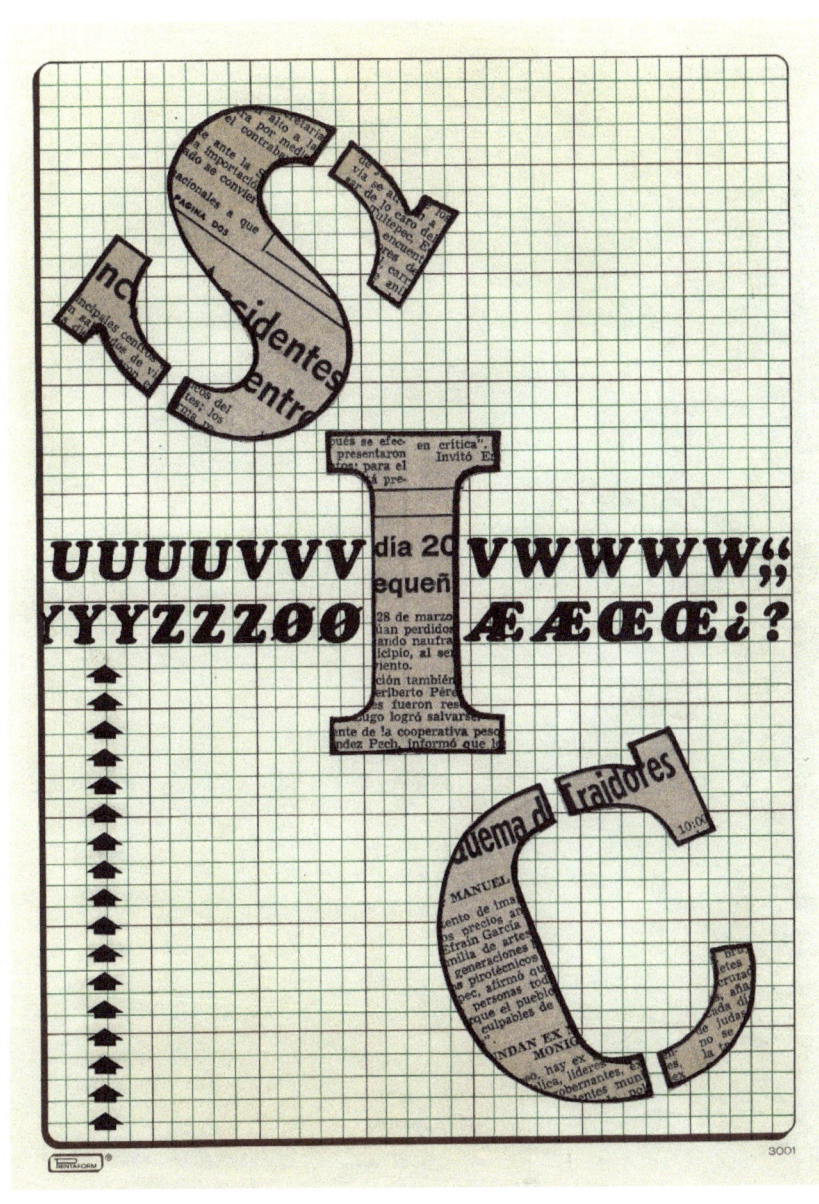

1983 – 1984 SIC *2*

1983 – 1984   SIC 3

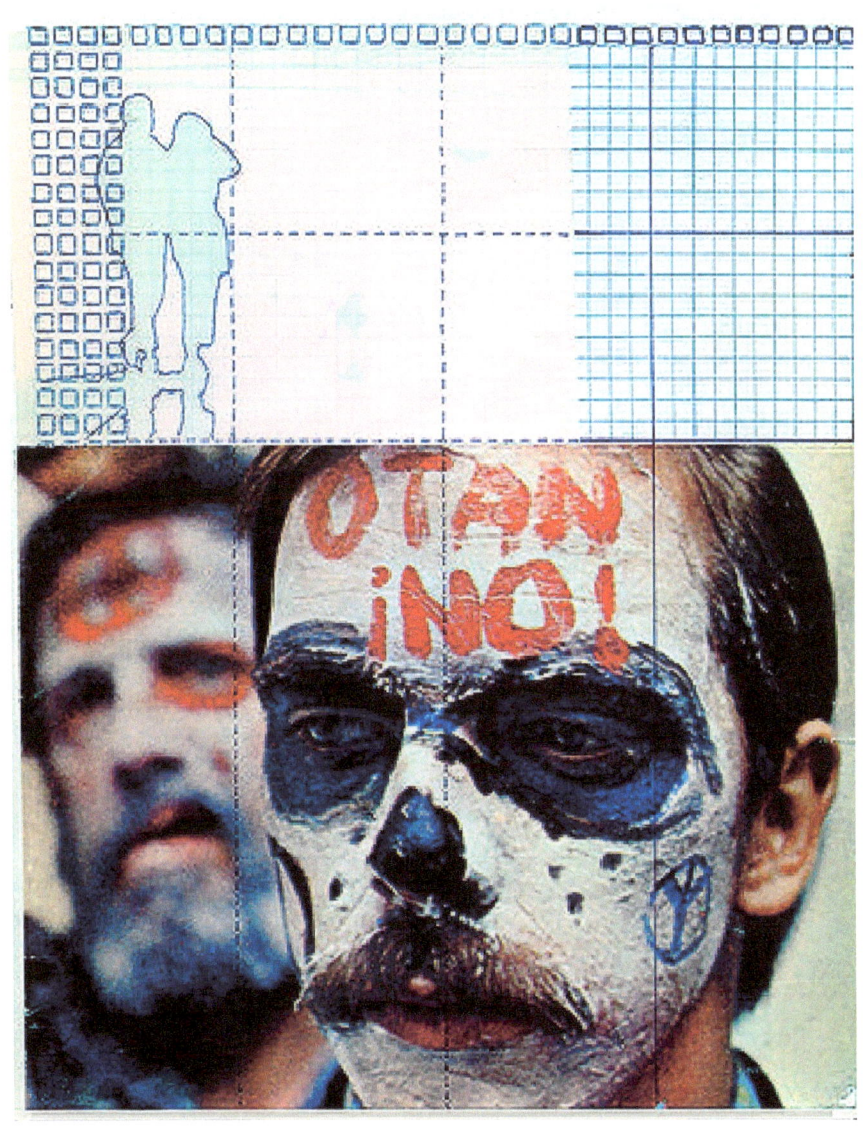

1983 – 1984 Euroshima 1

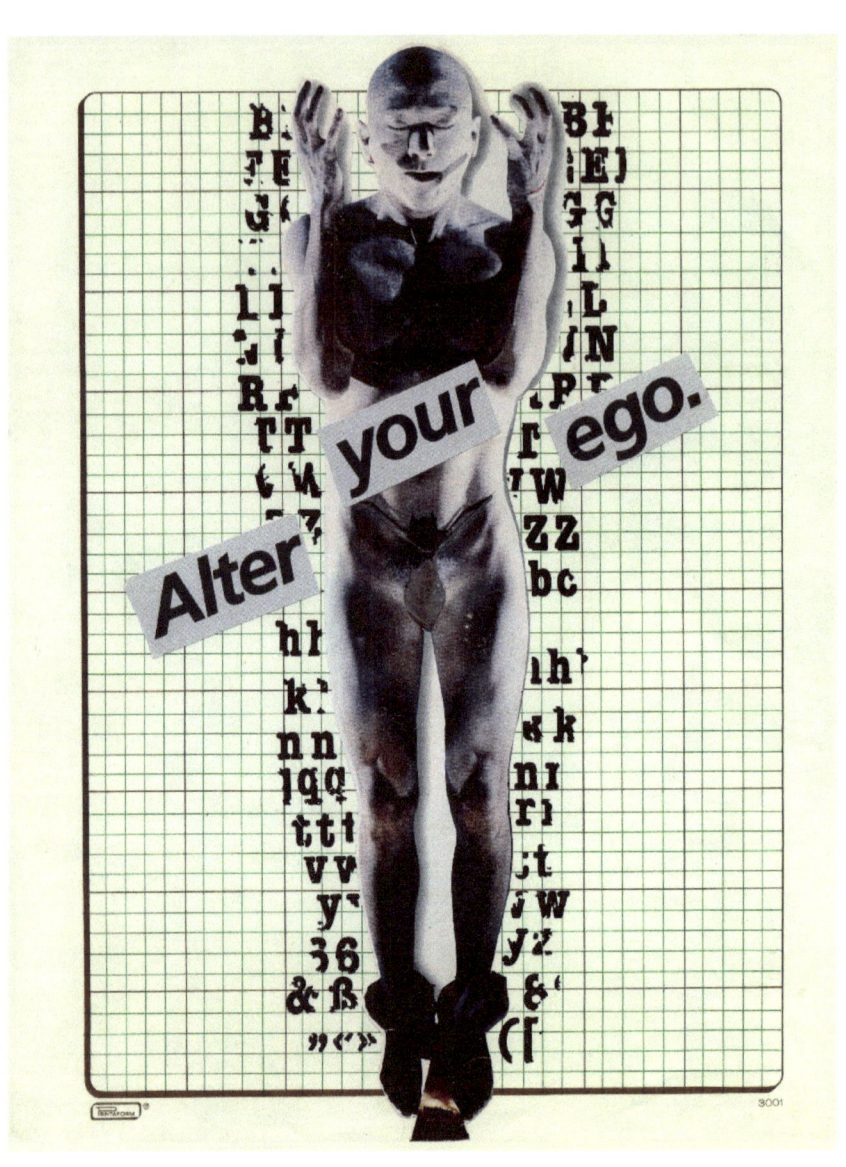

1985 – 1988 Alter your ego

1985 – 1988   ¿Sabe cómo se formó

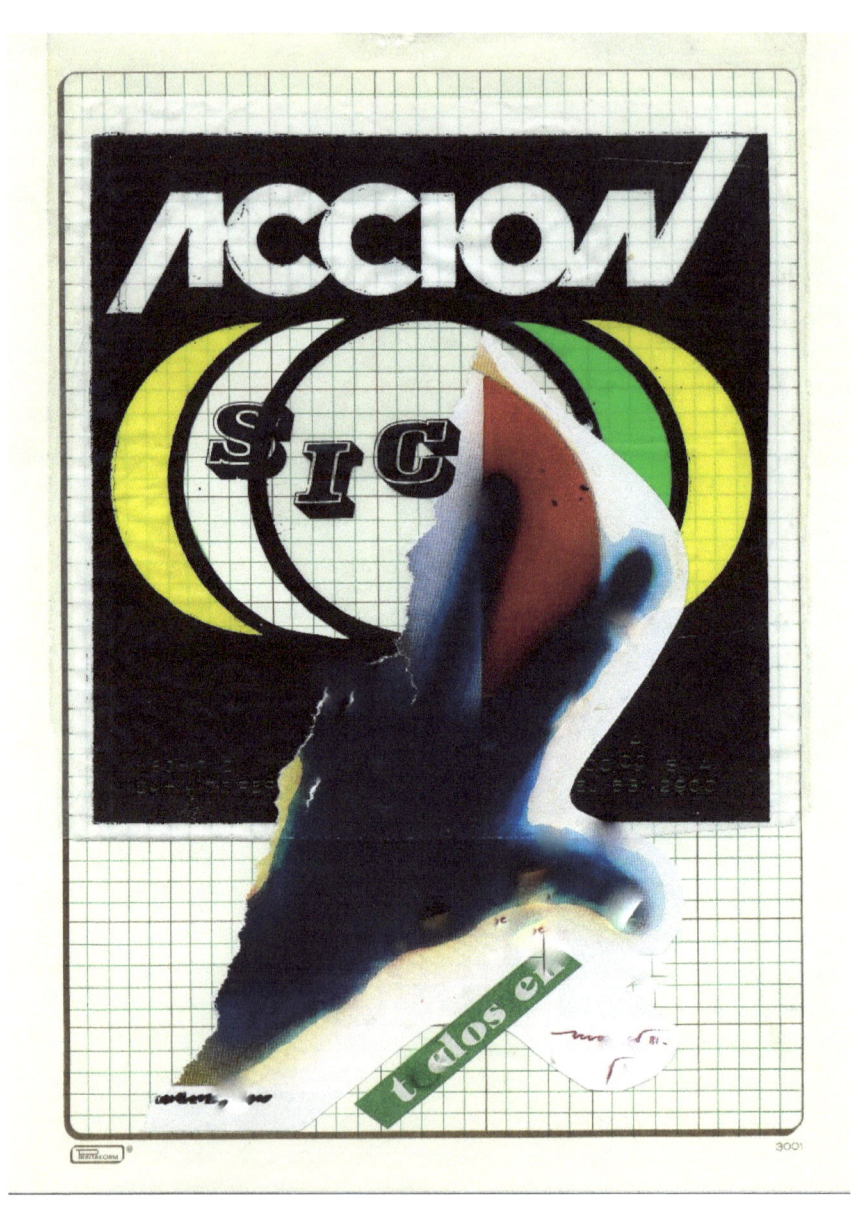

1985 - 1988 México en foco 1

1985 - 1988 México en foco 2

1985 - 1988 México en foco 3

1985 - 1988 México en foco 4

1990 – 2003 SIC Barrio

1990 – 2003 Creación

1990 – 2003 SIC Belleza que sí

1990 – 2003 SIC Campo

1990 – 2003   Corrupción

1990 – 2003   SIC Drug War

1990 – 2003 SIC Acerae

1990 – 2003 SIC Elefante

1990 – 2003 SIC Virreyes

1990 – 2003 SIC Peatones

1990 – 2003 USA Templarios

2005 - 2015 Dama

2005 - 2015 Estética Exótica

2005 - 2015   SIC Caligrama

2005 - 2015   Encuentro

2005 - 2015   SIC Contar

2005 - 2015   SIC Contranovedades

2005 - 2015   SIC La Raza

2005 - 2015   SIC Encuentro

2005 - 2015   SIC Laberinto

ningún lenguaje permanente sin

la palabra

De Las Mutaciones

Por Araceli Zúñiga Vázquez

Para César Espinosa, como refrendo de

un compromiso mutuo y mi admiración

Para Rodolfo, nuestro amado hijo y

su esposa Argentina

Para Matías, nieto adorado, maestro y

Pino nuevo de nuestra vida.

Hoy descubrí la onomatopeya del mar.

(...)

Jruummm shaac.

Jruummm shaaac.

Jrum shaac.

Jrum shac.

Jrum shac.

Jrum shac.

Onomatopeya

Olivia de la Torre (†2008)

(Poeta visual mexicana)

Comienzo -en este códice actual- citando a Ulises Carrión:

Un libro es una secuencia de espacios.

Cada uno de esos espacios es percibido en un momento diferente: un libro es también una secuencia de momentos.

Un libro no es un estuche de palabras, un saco de palabras, un soporte de palabras.

Pero el libro, considerado como una realidad autónoma, puede contener cualquier lenguaje (escrito), no sólo el literario, e incluso cualquier otro sistema de signos.

Hacer un libro es actualizar su ideal

secuencia espacio-temporal por medio de
la creación de una secuencia paralela
de signos, lingüísticos o no.

¿Quién fue Ulises Carrión?

Tengo claro que su nombre fue Tlacuilo.

Quién escribe pintando

La escritura de los Tlacuilos nos adentra en el momento culminante de la vida de los aztecas, descubriéndonos una invención cultural nacida en este lado del mundo: la escritura náhuatl. Ésta no se desarrolla ni sobre líneas rectas, ni sobre columnas verticales u horizontales. Los contornos y colores de cada figura de los códices se pueden leer. Los Tlacuilos eran hombres y mujeres, hábiles en el dibujo, a quienes desde niños se les adiestraba en el conocimiento profundo de su lengua y cultura. Maestros del conocimiento, sabios y artistas, eran al mismo tiempo pintores y escritores. ¿Alguna cercanía con las propuestas de Ulises Carrión, autor del manifiesto en *El Nuevo Arte de Hacer Libros*?

Todas, todas, todas.

Para los árabes, una frase brillante era la suma máxima de los metales preciosos: oro, plata y platino. Sabemos que las escrituras de los primeros siglos de la Edad Media derivan de la escritura romana que se estableció en España, Inglaterra, Francia e Italia: *Visigoda, Anglosajona, Merovingia* y *Lombarda* o *Longobarda.*

En la Edad Media, donde ya se configuraba lo que hoy llamamos Europa, los monjes fueron los encargados de transcribir a los clásicos antiguos. Los religiosos escribanos estaban distribuidos en los conventos de toda Europa y llevaban consigo los libros del convento de origen cuando eran trasladados.

En la América India -y desde antes de la Edad Media europea- existen y existieron desde los tiempos de Aztlán y otras tierras míticas- escrituras diferentes, (des)cribíamos el mundo a través de los tlacuilos, los que escriben pintando, y aquí ya necesito hablar de las *Bienales Internacionales de Poesía Visual/Experimental*, de 1985 al 2009, con César Espinosa…¡presente! donde participaron todas y todos los artistas que trabajan desde la palabra, entre ellos Francisco Quintanar, Tlacuilo Amerindio, quien tomó en sus manos la masa de trigo de los monjes medievales y la modificó en masa de maíz.

Francisco Quintanar - "Objeto voluntatis-RITO" - Litografía, xilografía, sellos impresos en papel japonés montado en hojas de cobre dorado y lino-algodón – Marco de aluminio con transfer.

El lenguaje escriturado de Quintanar traduce y representa a la hermenéutica medieval del Libro de las alegorías, no únicamente porque es restauradora del sentido, sino porque nos posibilita la apertura de *los otros sentidos, la otra cosmogonía,* el universo paralelo amerindio que, a través de la propia lengua -impuesta y colonizadora- nos sirve para *revelarnos* y ver, así como para *rebelarnos* y poder ser. Los otros que somos nosotros, los otros que somos nosotras. Los amerindios, los americolatinos, los que vivimos *al otro lado (del mar/muro/pared de calycanto),* en el bordo.

Somos los *Border Line* de la Aldea Global. Los que hablamos, pensamos y sentimos con un espíritu diferente (porque diferentes son nuestros códigos/códices). Nosotros, Tlacuilos cuyos signos se han sobreimpuesto al idioma colonizador/ evangelizador en este palimpsesto (manuscrito antiguo que conserva y expone huellas de la otra escritura) potenciado por las nuevas tecnologías con una escritura diferente también. Y en este avanzar de las lecturas están las formas escriturales mestizadas. Híbridas. Otras.

En relación con la poesía experimental y los nuevos soportes, cito a Clemente Padín reflexionando sobre "comprender -aprehender- el complejo fenómeno de cómo la poesía -todo acto de creación-" puede expresarse a través de otras dimensiones (no solamente a través de la significación verbal) y de cómo esta concepción se sostendría y enriquecería a través de los nuevos medios.

Y me remonto a las *otras* escrituras, los *otros* discursos amerindios de José Martí -nuestro José Martí- "Cantemos hoy, ante la tumba inolvidable, el himno de la vida. Ayer lo oí a la misma tierra, cuando venía, por la tarde hosca, a este pueblo fiel (…) y allí, al centelleo de la luz súbita, vi por sobre la yerba amarillenta erguirse, en torno al tronco negro de los pinos caídos, los racimos gozosos de los pinos nuevos: ¡Eso somos nosotros: pinos nuevos!"

A través del lenguaje (nuestro cuerpo designado, torrente sanguíneo poderoso, neurotransmisor) no sólo representamos ideas sino formas de vida, por tanto, transformándo(lo) modificamos nuestras formas de vivir, de percibir, de ser.

Desde finales de los años 70, las escrituraciones radicales del fin/principio de milenio, trabajan básicamente desde su dimensión plástica hasta sus multimediáticas posibilidades y alternativas de transformación. Eliminar células muertas. Yo definiría los procesos de producción de investigadores visuales de este espacio abierto a la búsqueda, a la exploración y a la divergencia de este tótem sagrado -la palabra- como el intervenir de manera radical con la matriz semiótica visual y trabajar desde allí. La sal de la tierra.

Para este propósito debemos **convertirnos** a la poesía que, de hecho, nos pertenece y significa como pueblos Amerindios desde siempre.

Cuando los europeos llegaron a Mesoamérica no entendieron nada (siguen sin hacerlo). ¿Cómo entender una civilización si no podemos leer sus escrituras?

Lamentablemente no tuvimos una piedra roseta que los iluminara para comprender que los lenguajes descubiertos, pero no comprendidos ni valorados, no se limitaban de la A a la Z. Ni de arriba hacia abajo. Ni de derecha a izquierda: un cuadrado, pues. Nuestros múltiples lenguajes ya tenían que ver con las formas y los conceptos que únicamente una computadora actual puede reproducir y descifrar.

Multivisuales. Poesía visual pura, sonora, corporal, perfórmica, compleja y bella. Fuimos evangelizados entonces con un lenguaje muy limitado (con excepciones magnificentes), y retrocedimos. Porque nuestra palabra era ilimitada (antes de) y nos pusieron el muro o el charco de la alfabetización occidental (después de).

No puedo dejar sin mencionar el trabajo arduo de orfebre con reminicencias indígenas y universales de Roberto López Moreno – zarza ardiente de la poesía amerindia, americolatina- con sus trabajos poemurales, lengüerios y Négridas, este último poesía sonora, a ritmo de tambores como un homenaje a nuestra tercera raíz cultural, la africana.

Négridas
Por Este Lado del Mundo
Para Julia Marichal

Por este lado del mundo
repica nuestro tambor
cuero rojo cuero negro
tiquitac del corazón
aquí la madera canta
lo mismo que canto yo
y va sangrando su carne
con el chorro de su voz
marimba de siete lanzas
tiquitac del corazón.
(Fragmento)

Pero, quienes tenemos que ver con los lenguajes de los Tlacuilos en México y Latinoamérica hemos comenzado, desde los años veinte, tal vez antes, a experimentar -con insolencia- estas formas de escribir, vivir y ser de acuerdo con nuestra propia forma de pensar y vivir.

¿Un libro es un libro en el siglo XXI? Se pregunta Juan José Díaz Infante (y junto con él muchas de nosotras) desde hace tiempo.

De nuevo la escritura como forma envolvente, sinestésica. La mano y la hoja de papel, el mouse, *el modo* y el modem, decía(mos) en el texto de sala/vestíbulo de la Universidad de Guanajuato, donde se expuso parte de una de nuestra *Bienales*, en 2004. Y añadimos.

Son formas –un golpe de dados (¿abolirá el azar?)– que hemos visto y digerido desde la poesía experimental, la publicidad y los medios de comunicación audiovisuales y, por supuesto, los digitales (la galaxia Internet, las comunidades espóricas, hasta nuestro punto Ge)…
Y aquí merito, en este punto Ge, aparece con sus lentes de huevos estrellados Melquíades Herrera, quien, junto con Juan José Díaz Infante representan al artista/ instigador/ provocador de la palabra que nos descubre las *otras* maneras de escribir y leer el arte. *Los otros modos*, en el caso de Melquíades con y a través de objetos de la cultura popular mexicana. Con Díaz Infante a través de *interdisciplina*. A ellos y a su irreverencia impura y transgresora, que elimina células muertas de nuestro vecindario artistoso, estuvo dedicada la 8ª Bienal melquiadesaristotélicakubriciana con un típico/clásico

recordatorio

chirriante/

urticante/

contracultural/

regrésamelasipuedesmitoritonegro

Los múltiples lenguajes para los múltiples deseos, de Katnira Bello, artista visual y performer mexicana, participante activa de las *Bienales* desde el inicio de su carrera. A través del performance su cuerpo deviene en signo, lenguaje y poema en acción, sobre la superficie de espacios públicos citadinos. Espacios que también hallan voz y presencia en su accionar. Provoca lecturas entre rosas masticadas/cercenadas y objetos de la cultura cotidiana fusionados en momentos efímeros. Su trabajo, comprometido con la experimentación permanente, jamás se ha ceñido a corsés temáticos ni disciplinares. Lo mismo usa fotografía, dibujo, narrativa, video o acción para poner el dedo sobre diversidad de motivos, como si se tratara de una baraja de lotería-tarot. También uno de sus temas. Trabajos que nos honran pues son, de alguna manera, productos post-bienales.

Juan José Díaz Infante y todas y todos los escritores del nuevo siglo representan un signo en sí mismos. Un signo/señal perteneciente a los nuevos alfabetos, las nuevas sílabas/consonantes, los nuevos lápices. Su propio cuerpo físico y neurológico –continente inexplorado- es una escritura total, con la que él escribe y se escribe y se lee y se tatúa y se inter/signa y se trans/signa todo el tiempo. Pertenece a la camada de artistas/empresarios que nos enseñan a mostrar el arte en su dimensión *masssmediática* absoluta. Desde los códices en papel Amate hasta los recibidos a través del único satélite artístico mexicano enviado al espacio -*Ulises I*- desde el 2005 cuya misión es enviar y recibir poesía. Las escrituras emergentes. Impuras. Trasterradas. No expulsadas –autoexiliadas- del Paraíso Terrenal. Híbridas. Mestizas. Mutadas. Signo de los lobos. La palabra. La responsabilidad que teníamos con la experimentación insolente de la palabra multidimensional; su inquirimiento, su transgresión, su trastocamiento: meternos en camisa de (oncemil) varas, específicamente desde la escritura latinoamericana, utilizada en su momento como una de las formas de colonización para evangelizarnos… desde el *mande usted, padre nuestro que estás en los cielos, que para obedecer hemos nacido…* en los que la palabra rebelar, con be grande, debía llevarnos necesariamente a la palabra revelar, con ve chica. Rebelarnos y revelarnos. Rebelándonos.

Y la única manera de este arder en fuego líquido era atizar esta estructura sobre la que descansa el universo y que se llama escritura, con palabras unidades/célulasmadre que nos abren o nos cierran las luces de nuestras galaxias internas, de nuestro plexo lunar mesoamericano. Abrazándonos y abrasándonos, en resistencia, pues, desde México hasta donde fuera necesario llegar.

> ¿Un libro es un libro en el siglo XXI? En una sociedad de cambio lento, el artista es un lujo; en una sociedad de cambio rápido, el artista es el único en la torre de control.

Lxs poetas del año dos mil y en adelante y hacia atrás,

retrapaseándose, juegan con la luz y el sonido mezclándolos en un punto informativo hasta que adquieran el mismo significado. Hoy, con la tecnología electrónica de la comunicación y la contracultura cibernética, las herramientas tecnológicas cambian nuestros conceptos del mundo; se convierten en una extensión de nosotros mismos: la tecnología pone la naturaleza a nuestro servicio, pero el proceso también involucra nuestra propia experiencia interna. La máquina, la naturaleza y nosotros somos una unidad.

Hemos mutado, entonces, nos hemos transformado, reconstruido, reensamblado, reinventado neurofisiológicamente desde hace muchos años ya.

Las Bienales Internacionales de Poesía Visual/Experimental nacieron de los lodos profundos de la cultura mesoamericana, y más atrás, añado- por tanto, nacieron para -desde nuestras manos- provocar y causar escozor desde la palabra. Estas Bienales, promovidas por un puñado de artistas e investigadorxs, convocadas desde México por dos locos obsesivos, uno de ellos mi compañero de vida César Espinosa, autor de este libro, y yo misma, no pueden ser esquivadas porque siempre quedará el salitre en la pared. Desde Las Mutaciones. Desde la palabra, nuestra madre universal.

NUESTRA PROPIA FORMA DE SER

NUESTRA PROPIA FORMA DE VER

NUESTRA PROPIA

PLURAL

MULTIDIRECCIONAL

MULTIDIMENSIONAL

MULTIÉTNICA

SUBTERRANEA

TRANSGRESORA Y MESTIZADA

FORMA

DE SER

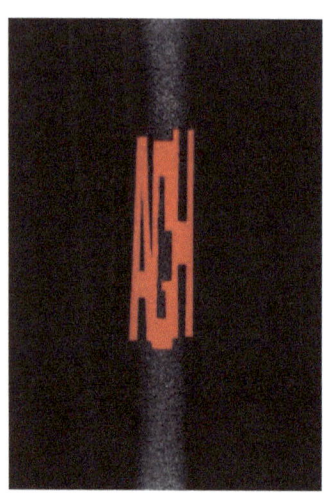

AGH, POEMA DE LETICIA OCHARÁN († 1997)

Araceli Zúñiga Vázquez
México/Tenochtitlan, año de la peste, 2020

NOTAS

(1) Poema visual *La Palabra*, de Araceli Zúñiga Vázquez, poeta y escritora (2008)
(2) Poema visual *Onomatopeya* de Olivia de la Torre, poeta y escritora (†2008)
(3) Cita de Ulises Carrión, tomada de su libro *El Nuevo Arte de Hacer Libros* (1980)
(4) José Antonio Antón Pacheco, "El Libro y la hermenéutica medieval", Ext. de VV.AA.: *"El Libro y la carne"*, Universidad de Sevilla, 1998.
(5) "La Lengua dividida", ensayo/artículo de Araceli Zúñiga Vázquez, sobre la obra gráfica de Francisco Quintanar, Universidad Autónoma Metropolitana, UAM, mayo del 2006.
(6) Clemente Padín, citas inéditas (publicadas con la autorización del autor).
(7) José Martí, "Los pinos nuevos", Discurso dado en el Liceo Cubano en Tampa, Florida, el 27 de noviembre de 1891.
(8) *Négridas*, libro de Roberto López Moreno, Editorial del Lirio, 2020.
(9) Fragmentos varios del trabajo presentado por Araceli Zúñiga Vázquez el 5 de octubre/2005, en " La Dimensión estética americana y los procesos productivos", mesa redonda coordinada por el Doctor Alberto Híjar Serrano, en el Aula Magna José Vasconcelos del Centro Nacional de las Artes (CENART), a veinte años de existencia del Centro Nacional de Investigación, Documentación e Información de Artes Plásticas (Cenidiap)

(10) "Ulises I", único satélite artístico mexicano enviado al espacio en 2005 por Juan José Díaz Infante.

(11) Juan José Díaz Infante y Katnira Bello, en memoria de Melquiades Herrera, en la 8ª Bienal Internacional de Poesía Visual Experimental, 2004, 34 Festival Internacional Cervantino.

(12) *Bienales Internacionales de Poesía Visual/Experimental,* 1985-2007, con César Espinosa.

(13) Poema visual *AGH* de Leticia Ocharán (†1997), ilustración de portada del libro *Signos Corrosivos* (1987 y 2020)

Introducción

Las escrituras de la mirada

César Espinosa

i.
¿La poesía visual?, primer acercamiento

Desde principios del siglo XX, dentro de los movimientos de la vanguardia artística dio inicio un juego de formas que integró los recursos de la escritura en sus vertientes semiótico/tipográficas con la extensa variedad de composiciones plásticas, lo cual durante la segunda mitad del siglo (aprox. años 1945-70) devino en este ramo que se conoce como **poesía visual y experimental**, que en realidad es una hechura de tradición milenaria y que tuvo un juego de interrelación, como en el caligrama, o de rivalidad con la poesía literaria.

En los hechos, compartió con las vanguardias sus designios de **ruptura con el pasado, de inmanencia del signo y de transgresión persistente de los códigos** establecidos, asumiendo también algunas de las posturas excluyentes que caracterizaron al vanguardismo. Tal historia está mutando.

La poesía visual en las vanguardias

El ramo conocido como "Poesía visual", tradición desarrollada en las últimas décadas del siglo XX y que prosigue en las primeras del XXI, entre muchos estudiosos que lo definen se aprecia que se remonta a horizontes milenarios y diversas formas de inscribir y sin duda tatuar las formas visuales-escriturales.

En esas etapas iniciales como actividad artística las experiencias inscriptuales conformaron una tradición poética que obtuvo forma visual en las diversas fuentes de la escritura como la India, China, Babilonia y Egipto (ver Dick Higgins), hasta las concepciones de orden textual en el periodo helenístico griego (desde el siglo IV a.N.E.), con la *technopaegnia* y después la *carmina figurata* del mundo latino, y se continuaría a través de los milenios siguientes con diferentes formas; en el medievo empezaron a utilizarse los cánones enigmáticos hacia finales del siglo XI, tanto poético-visuales como musicales, así como pentagramas que tomaban formas caligramáticas (siglo XIV) como "Belle, Bonne" de Baude Cordier, donde la partitura adopta la forma de un corazón. (Xavier Canals).

Hacia el siglo XVI apareció en la literatura inglesa este tipo de poemas; tal es caso de *The Arte of English Poesie* de 1589 y de George Herbert *Easter Wings*. Cabría agregar que Herbert continuaba así una tradición que la lengua inglesa traía desde el medioevo; ciertos textos presentados en forma de cruz eran comunes, desde antiguo, en la literatura litúrgica (Samuel Gordon). Para desembocar a finales del siglo XIX en el germinal "Golpe de dados" de Stephan Mallarme. Éste abriría las puertas hacia los inicios del siglo XX para el desarrollo de las propuestas desenvueltas por los movimientos de las vanguardias históricas (1905-1930) y periodos posteriores.

En el siglo XX, por ejemplo, después del manifiesto futurista "Palabras en libertad" de Filippo Tomasso Marinetti y de ciertos planteamientos del idioma Zaum y el lenguaje transmental de los cubofuturistas rusos, así como de varios enfoques medulares de los dadaístas de Zurich y los de Berlin, este movimiento que abarcaba la interrelación entre la palabra escrita y la visualidad, además de otros recursos de emisión sonora-kinética y performática, fue retormado tras la Segunda Guerra Mundial mediante algunas experiencias autónomas como los "Letristas" de los años 46-70, los trabajos de Antonin Artaud y el "Espacialismo" de Pierre Garnier.

Durante los años 1960, diversos artistas italianos propagarían, a partir del montaje "antipublicitario", lo que llamaron *Poesía Visiva* (o *"tecnológica"*), que sería también un antecedente inmediato del movimiento que desde entonces se ha conocido como "Poesía Visual". Modalidad que llegó a ser admitida en uno de sus tratados por el experto del lenguaje Jean Cohen. Por cierto, nos hemos saltado aquí un hito fundamental que igualmente retomaría el sentido de la poesía visual: la Poesía Concreta brasileña de los años 1952-66, que veremos más adelante. En cierto sentido fue paralela a la Poesía Visiva italiana. Eran, a la vez, los años del final del arte moderno y del brote galopante de movimientos conocidos como "neovanguardias" o "ismos".

En este nuevo marco, el movimiento neoyorquino-europeo Fluxus sería otra fuente del gesto-acto-sonoro-visual-perfórmico, a través del concepto de Dick Higgins de *Arte Intermedia*, entre otras múltiples propuestas, así como con las acciones que dentro del mismo movimiento llevaría a cabo el artiactivista Ray Johnson, quien puso en marcha un muy pródigo intercambio e interrelación de artistas denominado *Arte Postal* o *ArteCorreo* (que veremos más adelante).

Fueron, como decíamos, los tiempos del rejuego prolífico de los "ismos", entre ellos el Conceptualismo, desde el cual aparecería otra más de las cíclicas "Muertes del Arte", acuñada ahora por Arthur C. Danto y que aún se discute en torno a la acentuada pérdida de significación entre las prácticas estético-simbólicas contemporáneas. Además, en aquellos años Danto también acuñaba el concepto de "mundo del arte", que abrió el paso a la institucionalización casi monopolista del mercado del arte, el predominio de las bienales y museos de arte cada vez más centralizados (…), incluyendo la hiperprofesionalización de quienes operan en ellos y hasta el "turismo artístico", fuente de divisas cada día más robusto en nuestros días.

Aquel abigarrado brincoteo de formas y propuestas reflejó las condiciones sociopolíticas de los años 1960 a 2000: las sangrientas dictaduras sudamericanas, la llamada "guerra fría" entre los detentadores del poder nuclear, la descolonización del mundo y las guerras imperialistas (Corea, Vietnam, Argelia; Irak, Afganistán, etc.), el mundo cerrado del conocido como Bloque Socialista y su desplome, el descontento de los jóvenes que entonces y ahora predomina en México y muchos lugares del orbe, el *1984* que se quedó tan corto ante la real eclosión del espionaje y el hackeo ciberglobal, como en las *fake news* trumpianas, que siguen rigiendo… Esto, contrapuesto a su vez por las formas escópicas-escritas-performáticas polidimensionales que prevalecen y zigzaguean también actualmente.

ii.
Aquí (en México), un nacimiento con fórceps

De acuerdo con Serge Gruzinski, mientras que la imagen concebida desde la perspectiva occidental se asumía y se conoce como un significante ligado a un significado, para los pobladores americanos previos y posteriores al "descubrimiento" (Gruzinski delimita su investigación a México) las imágenes eran en sí mismas lo representado, partiendo de la lógica de la transustanciación de la materia y el ser.

A lo largo de dicho proceso quedarían sobre el tapete las piezas que hicieron posible la articulación de la estética del llamado Barroco de Indias, así como la política subterránea del culto mariano guadalupano (para nada explícita a lo largo de casi un siglo) durante este período como una suerte de intuición protonacionalista. Todorov, en su libro *La conquista de América*, sostiene que la aparición de un "otro" en el juego supuso, en una primera etapa, la correlación de las acciones "comprender-tomar-destruir", en la que el saber quedó subordinado al poder.

Los códices desplegables indígenas pre y poscolombinos registran versiones y descripciones poéticas que a todas luces forman parte del acervo de la poesía iconográfica mexicana. Asimismo, en el virreinato hubo ejemplos de búsquedas lúdicas y experimentales que, con fines de culto y proselitismo, configuraban imágenes y figuras en el espacio de la página o de los arcos y retablos que periódicamente se instalaban para fiestas religiosas o festejos de autoridades virreinales, pero que permanecen prácticamente sin investigar.

El estudioso Samuel Gordon ha recordado que Mariana Navarro, en el siglo XVIII, dedicó unas "Décimas acrósticas" a Fernando VI, mediante un refulgente sol que sin duda constituye un antecedente efectivo desde el periodo virreynal. Puedo decir que tras publicar algunos comentarios nuestros, en 2014 Jorge Gutiérrez Reyna rescató un grupo de textos relacionados con una interesante pero de hecho desconocida variedad de la poesía novohispana: la poesía visual. *Óyeme con los ojos: Poesía visual novohispana*, publicada por la editorial gubernamental Conaculta.

Esto es, hasta fechas muy cercanas ha quedado pendiente el explorar y ordenar en las fuentes prehispánicas y de la poesía barroca novohispana los ejemplos existentes de poesía visual —emblemas, laberintos, caligramas, etc.—, émulos locales de la rica veta que desde antes del "descubrimiento" de América y en el periodo barroco se explotaba en España, Italia, Portugal o Brasil, con nombres como Juan del Vado, Ramón Llul, Caramuel y Battista della Porta, entre otros más.

En aquel espejo del siglo de oro que fue el virreinato novohispano, la literatura iconográfica conservó las pautas dictadas por la Contrarreforma para fines de conversión y catequización de las masas indígenas sobrevivientes a la masacre de la conquista y de las innumerables castas que trajo consigo el mestizaje, resumiéndose en los retablos, catecismos y silabarios de la primeras etapas de la colonización y en las octavillas, hojas volantes y demás iconos gráficos populares de las centurias siguientes.

En México, por otra parte, durante el siglo XIX sería en extremo exiguo —o de hecho inexistente— el aporte de quienes cultivaran y dieran juicios sobre la experimentación visual poética; propuestas que hasta el siglo XX corresponden a la obra pionera de José Juan Tablada con su libro *Li Po y otros poemas*, publicado en Caracas en 1920 y bajo la advocación de Mallarmé, y sus madrigales caligramáticos. El ciclo comprende los años 1919 a 1924, que coinciden con el desarrollo del creacionismo de Huidobro y del expresionismo de Borges (y, en cierto modo, también de Vallejo).

Según Alfredo Roggiano, al comentar el poema *La Venus China*, la poética de Tablada se orienta a una estructuración gráfico-espacial en la que

> La presencia física, su visualidad gráfica, casi expresionista, es lo que aquí resalta, a pesar de la inoperancia poética de su lenguaje decadente. De esto al poema *Luna*, donde la disposición gráfica es predominante, sólo hay un paso. Y será el que lo llevará a la modernidad de las vanguardias, a un aspecto predominante del vanguardismo: el de la espacialidad, una verdadera nueva época en la poesía de Tablada...

Un hito coincidente en la búsqueda de aclimatar en México las propuestas de las vanguardias históricas, al menos en un plano programático, sería el movimiento Estridentista (1922-26), foco de rotundas pasiones artístico-políticas y todavía recusado por los cultivadores del esteticismo criollo. Se trató de un movimiento de síntesis de las corrientes europeas —aunque denunciándolas declarativamente—, en contra del tradicionalismo poético vigente y en pos de "imponer una nueva estética que reflejara al hombre contemporáneo sus preocupaciones y sus desesperaciones", observa Luis Mario Schneider

La poesía estridentista, agrega Schneider, está inscrita dentro de un auténtico sistema lingüístico de vanguardia. "Fija el poema por escalones de imágenes y metáforas, por lo general de raíz cubista, yuxtapuestas, pero motivadas todas por una sola idea... Nuevas formas sintácticas, búsqueda incesante de una musicalidad, y un vértigo espiritual que se produce por el cultivo excesivo de los sentidos completan el proceso técnico de la imagen estridentista".

Al mismo tiempo, gran parte de su repercusión se encuentra en el ambiente agitativo y la prédica de renovación de los lenguajes que trajo consigo, en su calidad de un movimiento encabezado por poetas que suscitó la colaboración comprometida de artistas plásticos como Ramón Alva de la Canal, Leopoldo Méndez, Fermín Revueltas, Diego Rivera, Germán Cueto, Jean Charlot, Roberto Montenegro, Guillermo Ruiz y Javier Guerrero, además de músicos como Manuel M. Ponce y Silvestre Revueltas.

El movimiento escogió como sede a la ciudad de Jalapa, capital del estado de Veracruz —*Estridentópolis*, la bautizaron—, bajo los auspicios del gobierno del general radical revolucionario Heriberto Jara. Los avatares políticos de la época precipitaron la desaparición del grupo, y la puntilla vino a ser la antologíamanifiesto del "grupo sin grupo" de los Contemporáneos, en 1928 (que "borró", omitiéndolos, a los estridentistas). El nuevo grupo, a su vez, desarrollaría un relevante filón de poesía conceptual-intimista, cercana al simbolismo francés y al "modernismo" anglosajón, y fueron proclives a la experimentación teatral y musical.

Como balance de aquel *choque de vanguardias poéticas* quedó cerrado el camino hacia los experimentos del visualismo y otros recursos ajenos a la linealidad escrita en la poesía de las siguientes décadas. Esto es, con el estridentismo no se logró la implantación en el medio artístico mexicano de las propuestas radicales de las vanguardias históricas —en parte bloqueadas por la retórica del movimiento muralista y la introspección reactiva de los otros grupos de artistas—, si bien el proyecto quedó "congelado" como una espoleta, para cundir en momentos más aireados.

Hubo que esperar varias décadas a que brotara un atisbo en la obra de Octavio Paz. Apunta Samuel Gordon que en la obra temprana de Paz (1914-1998) apareció un cuadernillo en 1955 titulado *Piedras sueltas*, con dos docenas de poemas brevísimos, mismo que pasó a formar parte de *Libertad bajo palabra*, libro que compila su producción correspondiente a los años de 1935 a 1957.

Agrega Gordon cómo en un libro de 1968, *Topoemas*, escrito durante sus funciones diplomáticas en la India, Paz experimentó con seis grafismos a los que sitúa entre los menos ingeniosos y atractivos de la tradición mexicana: sus *Topoemas, Discos Visuales* y *Blanco*, tal vez en seguimiento del concretismo brasileño —con cuyos iniciadores sostuvo una gran amistad—.

A su vez, Paz ejercita sus conocimientos del pensamiento hindú y de las estructuras mandálicas según la idea de los "signos en rotación"; a propósito del extenso poema *Blanco* opina el profesor Armando Zárate que se trata de un "peculiar retorno al poliplanismo cubista del lejano vanguardista Nicolás Beauduin".

Otros pioneros cultivadores de la escritura verbal-visual-objetual en los años 60 serían el artista alemán residente en México Matias Goeritz, autor de *Mensajes del Oro* y quien promoviera en 1966 una exposición de poesía concreta internacional en la Galería Aristos de la UNAM. Por esos años se realizan los happenings de Alejandro Jodorowski y el rodaje de sus películas, así como las experimentaciones escénico-musicales de J.J. Gurrola.

A finales de los sesenta, José Luis Cuevas escandalizaba a los culturosos con su mural efímero en la Zona Rosa y luego se lanzaría a su campaña como diputado independiente. Aparecen textos y poemas visuales de Jack Seligson (revista *Punto de Partida* N° 18, marzo 1970) y los trabajos conceptualistas de Felipe Ehrenberg, único mexicano publicado en la antología española de 1975 *La escritura en libertad*. Ulises Carrión emprendía una reconocida carrera como experimentalista y editor en Europa.

En 1972, en el número 5 de la revista *Plural* aparece una "Sección especial: escritura visual" con trabajos de Marco Antonio Montes de Oca y un texto introductorio suyo, que planteaba entre otros puntos: "Apenas quiero insistir en el sentido cada vez menos discursivo del poema visual, cuyo valor no parece ser captado por la mayoría de los actuales poetas hispanoamericanos (...) Cargada de lastre explicativo, nuestra poesía está urgida de síntesis y de una crítica construida desde los estratos más profundos del lenguaje..."

Habrá que recordar aquí los "Poelectrones" de Jesús Arellano (1923-1979), reunidos en su edición de *El canto del gallo,* en 1972, dado a la imprenta bajo el sello de la revista que encabezaba, *Metáfora*. Reunió grafismos –que denominó *poelectrones*–anteriormente publicados en diversas revistas como *Oposición*, *Revista de Bellas Artes, Revista Mexicana de Cultura* y otras.

Cabe también recordar a Guillermo Villegas y Consuelo Deschamps, quienes pusieron en práctica la "música del cuerpo", exhibieron el Cosáfono y estrenaron su partitura visual *Andante*, en 1973; Laura Elenes lanzó su proyecto *Atelén* para plástica, sonido y luego computadora; en 1978 se presentó el libro y exposición de poesía semiótica *El Semiófago*, de Pablo Espinosa "Gargaleón". En 1980 se presentaba la muestra "La travesía de la escritura", en el museo Carrillo Gil, si bien todavía ajena a la conceptualización de la poesía visual.

Pero en los tiempos más recientes sigue presente la omisión, sobre todo académica, hacia la experimentación poética. Todavía en 2012 no era factible sustentar un examen de doctorado sobre poesía visual en la Facultad de Filosofía y Letras de la UNAM, ya que no había sinodales que lo reconocieran; en esos años apareció el libro *La Poesía Visual en México*, encabezado por Samuel Gordon, así como la obra en cinco tomos *La Palabra transfigurada. Poesía Visual Mexicana*, coordinada por Carlos Pineda y acervos y selección a partir de las 10 Bienales de Poesía Visual Experimental celebradas en México a cargo de Araceli Zúñiga y César Espinosa.

Aparecieron dos libros de Alfredo Espinosa, la convocatoria a los "Poemurales" de Roberto López Moreno, además de los trabajos de mujeres escritoras como Perla Schwartz, Leticia Ocharán, Lourdes Sánchez Duarte, Araceli Zúñiga, Carmen Boullosa, Norma Lorena Wanless y Elizabeth Cazessús, así como Rocío Cerón, que se han aproximado a la visualidad y la experimentación.

¡Al fin!... Las Bienales de Poesía Visual en México

La excepción se da cuando el Museo Universitario del Chopo se hizo cargo del acervo digital (2016) de las Bienales internacionales de poesía visual realizadas en México, y posteriormente del catálogo impreso de las mismas (*La palabra transgresora*, 2017), con motivo de la celebración de los 30 años de haber sido convocada la primera versión de la *Bienal Internacional de Poesía Visual-Experimental (BIPVE)*, ciclo de 10 ediciones que tuvo lugar entre los años 1985-86 y 2009 en la Ciudad de México y diversas entidades del país, con alrededor de mil partipantes y que se ha prolongado por vía de los medios electrónicos.

Uno de los objetivos básicos de dicha celebración fue dar un reconocimiento a la colaboración de los casi 1,000 artistas de cerca de 50 países que participaron en la Bienal mexicana; para la realización de cada una de las exposiciones-festivales tuvieron lugar versiones que se efectuaron primero en varios de los países participantes, como Estados Unidos, el Cono Sur latinoamericano: Uruguay, Argentina y Chile; Brasil, España, Portugal, Italia y Alemania…

La Bienal fue concebida, convocada y llevada a cabo al margen de cualquier autoridad o padrinazgo oficial de cultura — gubernamental o privado— en México, mediante auspicios variados y el apoyo de diversas instituciones universitarias de los estados de Puebla, Veracruz, Nuevo León y Baja California norte, para llevarse a efecto, exhibirse y dar paso a la participación de un amplio conjunto de artistas del exterior y entre 50 y 60 mexicanos en cada edición.

De ese modo, hay que acentuar su naturaleza eminentemente internacional, como un evento que atrajo y dio cabida en México a la capacidad inventiva de un extenso número de realizadores artísticos. Posibilitó así que se conformara un acervo de alrededor de dos mil piezas de obras gráficas, que han sido digitalizadas y reunidas en una antología-catálogo (*La mirada transgresora,* 2017) editada por el Museo Universitario del Chopo, de la Universidad Nacional.

Según lo anterior, estas bienales tuvieron un apoyo de entidades académicas como los casos de las galerías de arte de las entidades arriba citadas, o lugares para eventos y exposiciones en la Universidad Autónoma de México, en espacios de la Dirección de Televisión Universitaria (TV-UNAM), que realizó un programa televisivo en 1990 ("La experimentación visual poética en México"), así como las escuelas y facultades de Ciencias Políticas, de Lenguas Extranjeras, de Arte y Diseño (planteles de Tepepan y de la antigua Academia de San Carlos), el Instituto de Estudios Filológicos y el ya mencionado Museo del Chopo; además, el auditorio principal (Zacatenco) del Instituto Politécnico Nacional y la Universidad del Claustro de Sor Juana, así como el Centro Nacional de las Artes (CENART).

Como antecedentes de dichas bienales *(BIPVE)* menciono la integración del grupo *La Perra Brava* en los años 1973-74, que proyectó lanzar una revista de arte en bolsas de papel para pan y colaboraciones reproducidas por sus colaboradores, aunque abortó y luego se integró, en 1975, al entonces recién conformado Sindicato de Trabajadores y Empleados de la UNAM (STEUNAM), junto con el grupo de artistas y teóricos el *Taller de Arte e Ideología (*TAI), en el proyecto denominado *Periódico Vivo* y desde 1976 con el cambio de nombre a *El Colectivo,* dentro del Movimiento conocido como de los Grupos (1975-1979 y 1984) del Frente Mexicano de Grupos Trabajadores de la Cultura, tanto en la exposición de éste denominada "América en la mira" (1977) como, fuera de programa, en la I Bienal de los Jóvenes de París, en 1976.

Durante esos años 70 tuvo lugar en México, como decíamos

arriba, el "Movimiento de los grupos" que conjuntó a una amplia variedad de colectivos dentro de la dinámica expansiva de grandes fuerzas populares y de trabajadores que caracterizó a esa década (y en este tenor ha sido desconocido por las entidades y museos oficiales de arte), incluyendo también un cierto brote de grupos guerrilleros en el país (estudiantiles y obrero-campesinos), los cuales fueron reprimidos y exterminados por lo que se conoció como "guerra sucia" del priismo en el poder.

A lo largo de esos mismos años 70 se activaron formas de inscripción, de anotación y de impresión innovadoras y de carácter popular, como fueron los mimeógrafos, los esténciles y los sellos de hule o las electrografías, que en su momento fueron documentadas por la crítica Raquel Tibol como "neográficas"; aunque, en realidad, su principal detonador fue el movimiento estudiantil de 1968, que echó mano de todas las formas accesibles de impresión y de reproducción a bajo costo para su propaganda, por lo demás muy exitosa.

También en 1972 se puso en marcha, en México, el movimiento conocido como arte-correo primero con el mural de tarjetas postales que realizó Felipe Ehrenberg en el II Salón Independiente. Y en 1977, mediante el directorio postal del mismo Felipe, dentro del Frente de Grupos se llevó a cabo, en tres sedes simultáneas (en las ciudades de México, Puebla y Morelia) la exposición "América en la mira" (antes mencionada) a través de la vía del correo. Hubo igualmente fermentos de experimentación poética en grupos como *Narrativa Visual-Marco*, que realizó "pegas" (carteles) y "pintas" (graffitis) de poemas en espacios callejeros.

Como antecedente inmediato a la realización de las bienales de *poevis*, durante 1981 integramos el grupo llamado *Colectivo-III* (porque ninguna segunda parte es buena), dedicado entonces al arte-correo, donde llevamos a cabo varias exposiciones internacionales (en 1983 el Poema Colectivo "Revolución", con 360 participantes, y "1984 en 1984, Maratón de utopías realizables"), que además puso en circulación una serie de publicaciones sobre poesía visual y arte-correo, para proceder a convocar en 1985 a la Primera Bienal Internacional de Poesía Visual y Experimental (BIPVE), como se mencionó arriba.

En 1985, cuando se realizó de la primera Bienal, de hecho nadie hablaba aquí sobre estos conceptos. A su vez, en 1990 – al celebrarse la III Bienal– incluso la exposición antológica de Octavio Paz, realizada en ese año, contó con un capítulo dedicado a la poesía visual.

En los años 80, la Bienal mexicana vino a revitalizar en Latinoamérica las prácticas de la experimentación visual poética. Los propios brasileños, que llevaron la avanzada en los años 50 y los 60 –con la Poesía Concreta y el Poema Proceso–, intentaban una suerte de síntesis y se veían introvertidos, mientras en Europa y Estados Unidos la experimentación poética había ya saltado de la hoja de papel a la acción corporal (performance y polipoesía), el video y los recursos de la alta tecnología: multimedia, laser (holograma), la computadora y el arte virtual. En Latinoamérica, los grandes precursores de esto serían Eduardo Kac (Brasil) y Paulo Gyori (Argentina).

Artistas que han actuado en gran número países de Europa, Asia y América del Sur y del Norte, como Enzo Minarelli y Fernando Aguiar, han destacado la importancia de la Bienal mexicana observando que mientras los festivales europeos son más restringidos y se limitan a uno o dos aspectos, aquí hubo margen para desplegar el amplio abanico de la poesía experimental que abarcaba performance, polipoesía y poesía sonora, videopoesía y poesía digital, acciones callejeras con el público, las exposiciones de poesía gráfica/visual y concreta, coloquios teóricos y documentales y sesiones de danza y experimentación musical.

Al llegar a los años 1990 se apreciaba en nuestro medio un avivamiento de las *artes intermedios,* o también llamadas *transgéneros,* cuyos principales focos irradiadores eran el Museo del Chopo y el Carrillo Gil, a veces el de Arte Moderno, a últimas fechas el Centro Nacional de las Artes y el más reciente Museo Universitario de Artes y Ciencias (MUAC), además de algunos importantes del interior del país, en donde se volvió habitual el trabajo mediante instalaciones, ambientaciones y performances –luego denominadas *formas PIAS* por Maris Bustamante–.

Viene al caso abundar sobre algunos hitos memorables que han alimentado ese despliegue, como serían las exposiciones y eventos en el ya desaparecido centro cultural Santo Domingo, con Guillermo Santamarina y Armando Sarignana; la siempre recordada ocupación por un día del edificio "Balmori", en un barrio tradicional; la librería y las exposiciones de libro-objeto de "El Archivero", de Yani Pecanins y Gabriel Macotela; los grupos y muestras de arte-correo del CRAAG, Colectivo-3 y Solidarte; grupos y editoriales en Monterrey, Guadalajara, Jalapa, Oaxaca, Mexicali y Tijuana; equipos dedicados al performance como SEMEFO y el Sindicato del Terror o 19 Concreto, además de otros muchos surgidos en los últimos años.

Un lugar relevante corresponde al espacio que inauguraron Eloy Tarcisio y otros artistas –Felipe Ehrenberg (†2017), Marcos Kurticz (†1995), Maris Bustamante y Víctor Muñoz– denominado *X'Teresa Centro de Arte Alternativo (*ahora de *Arte Actual),* creado a raíz de que Tarcisio pusiera en marcha en 1991 el festival del "Mes del Performance", inicialmente celebrado en el Museo Universitario del Chopo. En este panorama, tuvieron un papel relevante, de manera independiente y *"por la libre"*, las Bienales de Poesía Visual y Experimental.

En los más recientes 10 años, continuados después de suspender el formato de las bienales y tras ingresar a las nuevas formas digitales de producir y plasmar las propuestas poéticas del actogestovisualsonoro, nos orientamos y de cierto modo nos integramos a las nuevas generaciones de quienes practican dichas poéticas, que desde muy diferentes perspectivas y denominaciones le aportan un horizonte de exploración y rehechura a la "poesía mexicana" en su conjunto (si hay en realidad algo que pueda llevar ese apelativo).

Samuel Gordon escribió en un artículo de 2003: En 1996 tuvo lugar en el Ala Sur del Vestíbulo Principal del Palacio Legislativo de San Lázaro, entre el 24 de septiembre y el 4 de octubre, la celebración en México de la Quinta Bienal Internacional de Poesía Visual / Experimental; reafirmando para el país de los códices y los tlacuilos una tendencia que, seguramente, no se extinguirá fácilmente.

"La vieja discusión –hoy por fortuna muy amenguada– acerca de la dicotomía entre 'fondo' y 'forma' parecería replantearse en torno a estas propuestas de un modo muy diferente en el marco literario.

"Dejamos en el aire dos interrogantes: se trata de ¿arte poética, arte plástica o arte gráfica? y, por último, la retórica clásica ha clasificado, en muchos casos a esta modalidad en la categoría de los metagrafos , en tanto figura que afecta la forma gráfica del lenguaje poético sin afectar sustancialmente los fonemas. ¿Deberemos aceptarlo así o tenemos mejores propuestas?" Hasta aquí Gordon.

En Latinoamérica... Poesía concreta y otros hitos

En Latino América, principalmente en el Cono Sur, desde finales de los años 50 y a lo largo de los 60 y los 70 el influjo de las neovanguardias hizo eclosión en el contexto de una especial coyuntura de tipo artístico y político; en el segundo sentido, aglutinó la respuesta y el rechazo de los artistas frente el asalto de las fuerzas castrenses contra los gobiernos establecidos en la región y el modelo de la revolución cubana.

En un grado por demás significativo, ese embate contra los sistemas establecidos por la vía democrática –sin olvidar las enormes debilidades de estos últimos– representó un motor que impulsó la creatividad artística y la exigencia de restaurar las libertades ciudadanas, entre ellas las de libre expresión y la libertad de creación.

Menciona Oscar Galindo V. cómo a partir de los años 60 se acusa en la poesía y las artes visuales de Latinoamérica una amplia variedad de grupos y enfoques para cuestionar los modelos de representación, tanto artísticos como políticos: Diagonal Cero, Tucumán Arde, Nosferatu y El Lagrimal Trifulca en Argentina, CADA en Chile, Hora Zero en Perú, los Tzántzicos en Ecuador, El Techo de la Ballena en Venezuela, el Nadaísmo en Colombia, que surgieron no sólo como un quiebre en las disciplinas que originaban expresiones heterogéneas y mutantes, sino que también de manera directa u obliterada expresaban el gesto político de su ruptura.

Así, en el emergente marco del neovanguardismo, el concretismo del grupo Noigandres –antecedido desde los años 30 por el manifiesto del Arte Concreto y luego las "invenciones" del Arte Madí en Argentina (1942-48) –, hizo brotar en 1952-56 al movimiento de la Poesía Concreta; surge, en ese tenor, casi simultáneamente, en Europa y en Latinoamérica el concretismo literario: en 1952 se funda el grupo Noigandres;

en 1953 aparece el manifiesto "For Concrete Poetry" de Oyvind Falström, en Suecia, y en 1953 aparece en Suiza el libro "Constelaciones" de Eugen Gomringer, poeta suizo-boliviano. Por su parte, serían Gomringer y Décio Pignatari, en 1955, quienes decidieron llamar "poesía concreta" al movimiento poético que estaba surgiendo.

A partir de su Manifiesto quedaron esclarecidos la genealogía y los puntos que definirían a esta poética, esenciales asimismo para el concepto que estaba integrándose de "poesía visual".

En otro sentido, desprendido del núcleo de Noigandres, surge el poema semiótico (*poema espacional* de Wlademir Dias-Pino, 1962), en el cual las palabras eran sustituidas por formas, mediatizadas por claves léxicas. Posteriormente, el movimiento *Poema/Proceso* (1967) con Wlademir Dias-Pino, Neide Sá y Álvaro de Sá, llegó a liquidar en su totalidad esa dependencia, proceso consumado en 1969 con las primeras exposiciones de la «Nueva Poesía» (nombre que tomaron los movimientos de poesía experimental en Argentina y Uruguay de aquellos años).

Entre estos se encuentran la "poesía a/por realizar" y los "poemas matemáticos" de Edgardo Antonio Vigo, en La Plata, Argentina; "la poesía o el arte inobjetual" por personajes como Clemente Padín, de Uruguay, los brasileños Ferreira Gular o Helio Oiticica y el peruano Juan Acha, y la "antipoesía" del chileno Nicanor Parra, entre otros hitos relevantes.

Además, desde los años 1960-70 se desataba en el Cono Sur el maremágnum del arte-correo –una ventana contra la censura impuesta por los "milicos"–, que fue antecedido/inventado por algunas vanguardias a principios del siglo XX y en los años 1960 retomado exitosamente por el artista fluxus Ray Johnson.

Las reglas más importantes del mail-art serían: todo se exhibe, sin curadores ni otros filtros, y que las obras quedaban al margen de ser comercializadas, pero tampoco se devolvían; era obligatorio mandar al autor un acuse de recibo y reconocimiento, así como un catálogo o al menos una lista-directorio de participantes… Por primera vez, a través de un circuito que abarcaba a todo el mundo (occidental y oriental o incluso norafricano, capitalista o socialista), se estableció como base del juego la abolición de la "ley del valor", esto es, del lucro por las obras intercambiadas, nada más y nada menos.

iii. Final

Metas y decires de la poesía visual

En resumen, un planteamiento también destacado en el aniversario de las *Bienales de poevisual* fue que éstas tuvieron el objetivo de dar fe y promover la participación autóctona en la práctica que aquí llamamos "escritura de la mirada" o Poesía Visual. (Al respecto, se emitieron la primera y segunda *Declaraciones del Chopo*, que aparecen al final de esta Introducción.)

Entre muchos estudiosos que la han definido y la analizan, como los teóricos y promotores estadounidenses de la visualidad poética Dick Higgins, John M. Bennett y Karl Kempton, queda claro que el concepto se remonta a horizontes milenarios y a diversos modos de inscribir y hasta tatuar las formas visuales-escriturales.

En la modernidad del siglo XX, con importantes antecedentes como Mallarmé (1897) y Apollinaire (1914), o también las revistas vanguardistas, dadaístas, constructivistas o surrealistas, como Marinetti y su revista *Poesia*, o la *Revista Sic -Sons Idées Couleurs*, donde los "cubistas" literarios publicaron sus poemas; como Pierre Reverdy, Jean Cocteau y Apollinaire en la época Dadá; las aportaciones de Lissitzky, Picabia y más tarde Joan Brossa, entre otros, y sin duda los "letristas" y los "situacionistas", se prefiguraba la poesía visual-experimental como una exploración para entender qué era y para qué servía la escritura, más allá de verla como una herramienta de comunicación sino, principalmente, como medio de expresión donde, por primera vez, los valores espaciales y visuales asumían la misma importancia que la rima lo había tenido para la poesía.

Además, a partir de los años cincuenta y sesenta la pintura se orientó mayormente a la condición de la escritura, como se aprecia en las obras de Capogrossi, Novelli, el Gruppo Forma 1 y muchos otros en Italia; Joseph Beuys, Wolf Vostell, Nam June Paik, Robert Filliou, Ben Vautier en Europa en general, y Cy Twombly y Franz Kline en los Estados Unidos hasta 1962, cuando el lituano George Maciunas teoriza FLUXUS como movimiento artístico integral (pictórico, musical y literario) en el que el arte no es la finalidad, sino un medio. La obra ya no sería la justificación, ni la razón de ser, ni la culminación de ninguna actividad creadora.

1916-2016… A cien años de que eclosionara el movimiento Dada, en el refugio suizo frente a la Primera Guerra Mundial, podemos decir que hace ya tiempo que vivimos el logro de la meta dadaísta: el eclipse del concepto vigente de arte desde el Renacimiento, y junto a éste las ideas de cultura y humanismo burguesas prevalecientes hasta entonces, si bien aún continúan imponiéndose transmutadas en el hiperconsumo devastador del planeta, la guerra hecha crónica (Irak, Afganistán) y la avalancha de los populismos y fascismos de supuesto nuevo cuño y el rebrote de los racismos militantes, todo ello empujado por la publicidad y los medios de masas, y ahora mediante instrumentos individuales, electrónicos, llamados "redes sociales", que navegan en la globalización.

En los últimos años se ha dado en bautizar a la poesía visual y otras variantes que conforman la poesía experimental (performáticas, sonoras, polipoéticas, etc.) bajo la denominación de "Poesía y literatura expandidas", entre otras denominaciones. No hay por qué asombrarse, de hecho, porque broten diversos y elaborados saltos de autoidentificación y renovación de conceptos. Pero también quiero señalar que la idea de la "poesía visual", con sus múltiples variantes, tuvo un papel memorable en el siglo XX y sin duda lo seguirá teniendo en el XXI, como un sistema no acabado de búsqueda, imbricación de formas y lenguajes y de renovación poética.

Acudo aquí a la conceptualización dada por el poeta, editor y teórico argentino Jorge Santiago Perednik (†2012), quien utilizó la noción de *monstruo* para referirse a la poesía visual y experimental; este concepto, decía, explica sintéticamente el funcionamiento de la imaginación humana para aprovechar las posibilidades combinatorias de los elementos existentes, cuya complejidad tiende al infinito.

Por ende, la poesía visual sería ella misma una especie *monstruosa* –parte escritura, parte imagen–, imagen que excede la escritura pero la incorpora, escritura que excede una imagen que contribuye a formar. La idea no es sumar imagen y texto, como ocurre en los caligramas, sino lograr una plena integración de ambos elementos en términos de que la imagen sea el texto y el texto la imagen, los dos uno.

En esta segunda década del siglo XXI, gran parte del mundo artístico navega en una rediviva versión del "dejar hacer, dejar pasar", una clamorosa despolitización generalizada o disfrazada de *culturalismo*, que viaja en el cabús de cola del global-capitalismo, expoliador de países y recursos en todo el planeta, bajo las fanfarrias de la massmediatización *ómnibus* (uno para todos), a pesar y de hecho bajo similares idearios con las redes sociales y la hipertecnología que se apropia de las personas y sus biografías, aunque también se agota en horas e impone un nuevo artefacto.

¿Cuál es la idea? Necesariamente, se trata de *qué hacer y por qué* ante un escenario donde "todo es válido" y "es arte lo que cada quien quiere que sea arte", es decir, una vez que se declararon agotadas las fundamentaciones estéticas, éticas e históricas... Tras el fin del modernismo y del vanguardismo, del agotamiento de la "era de los manifiestos" y junto con ellos del ejercicio filosófico en el arte para entonces uncirse al posmodernismo y la post-historia...

La revisión crítica a la distancia deberá, sin duda, dar margen para la criba de aquello que se quedó atrás y renovar en el presente y con los nuevos recursos técnicos y de conocimiento todo aquello que sigue vigente entre sus operadores sobrevivientes y los nuevos que se incorporan al *gesto/acto/incripción* poética y artística.

En fin, en nuestro acercamiento a los antecedentes históricos de la experimentación de la forma y las materialidades entre el arte y la poesía, como se dieron y siguen dándose en nuestro país, dejamos abierta la opción de analizar algunas de las propuestas sin dejar de lado la posibilidad de incursionar en los trabajos de los exploradores de la visualidad y los matices de lo óptico como Aby Warburg, Gombrich, Panofski, Didi-Huberman o Belting, por mencionar a algunos de aquellos que han antecedido al todavía recién eclosionado "Giro óptico-icónico". Esto es, darle un sentido de lectura política y crítica al "ver actuando" que son esenciales en nuestros tiempos de tecnología galopante y pueblos/masa que abogan todavía por el sin-saber.

La fusión de la poesía y lo visual

Siguiendo esta línea de pensamiento, diremos que en los poemas visuales la imagen como elemento comunicativo prima muchas veces sobre la palabra. Ésta asume así una función secundaria de complemento de la imagen y en muchos textos se prescinde de ella al proponer una nueva forma de comunicación: sintético-ideográfica, que trata de sustituir a la analítico-discursiva.

En palabras de **Raydel Araoz**, en los poemas figurados las imágenes tienen una función de reflejo o duplicativa, cuya relación con el verbo es acción, esto es, la imagen definida o anunciada en la palabra se muestra, se hace objeto y se devela ante el lector, con lo cual crea una red sígnica que funciona como soporte a la atmósfera del poema al contraponer dos lenguajes: uno verbal y otro iconográfico, para lograr una nueva metáfora, un salto poético de la hoja a otro espacio, un espacio mágico, arquetípico.

Continúa: En los poemas visuales en los que se elimina por completo la palabra, la propia imagen deviene logos, portadora de signos, de modo que el objeto-icónico es en sí mismo un signo apuntando al inconsciente.

A su vez, el poema exige entonces un lector agudo en cuanto que dentro de sus imágenes se concentra (y muchas veces de forma barroca) toda la experiencia de la vanguardia pictórica y literaria en la búsqueda de un nuevo lenguaje, "donde la palabra es vista y la imagen leída".

Por su parte, Paz Aburto señala que las nuevas tendencias experimentales actualizan y escenifican radicalmente la lucha por el significante; por la **experiencia epidérmica del lenguaje poético**. La obra se construye apelando a la práctica sensorial del lector, donde lo visto y lo leído funcionan desde lo dispuesto por el cuerpo.

No se privilegian sólo sus capacidades intelectuales. Así, sus dispositivos son ojos, oídos, lenguas, manos, todas las posibilidades del sentir y percibir, la estesis completa. El cuerpo textual activa, entonces, otros códigos además del lingüístico: el icónico, el kinésico, el de circulación…

Podemos instalar en la emergencia del signo la zona superficial donde la corporalización de éste funciona como una *est-ética* devastadora de la ideología tradicional de composición, que sólo produce y lee a partir del significado, plantea Paz Aburto.

En su turno, anota Laura López Fernández que la superficie de un poema visual produce significación de manera dinámica, interdependiente e intersubjetiva y, por lo tanto, no nos hallamos ante un sistema semiótico cerrado, fijo, o totalmente estable, sino abierto, incompleto y relativo que produce significación de acuerdo a las condiciones de producción, al producto y a las condiciones de observación aplicadas.

Las intenciones del autor, el poema en sí y las variables del observador en el proceso de observación condicionan el proceso de significación y de lógica interna y externa del poema. En estos términos, el espacio poético visual es multidimensional y una de sus funciones comunicativas es conectar la conciencia y afectividad del autor con la del receptor.

El aspecto material del poema influye en el aspecto inmaterial –temas, ideas, sensaciones– y el aspecto ideológico del autor-receptor influye en la interpretación del material poético. A su vez, Victoria Pineda especifica que desde la articulación y síntesis material se da por pasada la división arbitraria del signo y de las artes en una jugada anfibia de combinación.

Es cierto que a medida que se pierde el carácter discursivo de los textos se va haciendo más difícil el reconocimiento de los artificios de siempre, pero no es que hayan desaparecido sino que se manifiestan de maneras muy diversas.

De hecho, la metáfora, la sinécdoque, las figuras de oposición, el hipérbaton, no sólo pueden estar presentes sino incluso entran a organizar y estructurar un poema visual.

Angye Gaona plantea que el poeta crea, y todo lo que hay a su alrededor puede ser poesía, crea con todo lo que tiene. Un ladrillo con una antena, ahí te lo deja el poeta. Pero, en este caso, la palabra cobra un sentido mucho más secundario que en la poesía tradicional...

La meditación, la evaluación, la auto-referencialidad y el estudio de estos trabajos se iniciaron a principios del siglo veinte. Es precisamente entonces cuando se emprende la producción consciente de la potencialidad de ruptura con los cánones establecidos.

En todas esas tradiciones el uso de la letra, del espacio en blanco, la organización de cada trazo y los instrumentos con que se realiza, poseen un sentido artístico completo.

Lo que está claro es que las fronteras entre el arte y la literatura se difuminan... De todas maneras, la poesía no tiene por qué dejar de ser una obra de arte. La poesía experimental tiene palabras, objetos, depende siempre del tipo de poema experimental que busquemos. Poesía es el fortuito encuentro de un signo con una intención, en el azar de la mirada. De allí podríamos asumir que la Poesía no es estrictamente algo verbal, sino que lo verbal es una de las formas de expresarla. La poesía, hoy, se convierte en un mensaje enciclopédico: todos los símbolos contienen, en sí, todas sus acepciones.

Lo transversal, la interdisciplinariedad es producto de los nuevos paradigmas culturales; la pureza parece imposible tanto en el mundo real como en el de las ideas. El poema visual participa de la modernidad, como la redistribución del espacio poético.

Si se percibe la poesía como una vía de conocimiento del mundo se puede intentar un espacio de invención y descubrimiento, que no necesariamente pase por la razón y cuyo resultado tiende a identificarse poco con lo razonable.

Quizá sean el arte y la poesía las propuestas humanas que permiten el descubrimiento de nuevos sentidos, métodos y categorías a ese tipo de pensamiento mítico, ancestral, que se liga voluntariamente con el todo: pensamiento que atraviesa la razón, cruza por y sobre ella, pensamiento transracional: *¡ZAUM!*...

Ciudad de México, Ombligo de la Luna, octubre-noviembre 2018

Notas:

[1] "De ninguna manera es nuestro propósito impugnar los modernos usos del término 'poesía'. No creemos que el fenómeno poético se ciña a las fronteras de la literatura ni que carezca de legitimidad el hecho de buscar entre sus causas los seres de la naturaleza o las circunstancias de la vida. Es perfectamente posible la tentativa de una poética general que busque los rasgos comunes de orden puramente metodológico, capaces de provocar la emoción poética. Por razones de orden puramente metodológico, hemos creído preferible limitar desde un principio el campo de la investigación y, en un primer

momento, no estudiar sino los aspectos literarios del fenómeno. Para nuestro propósito, se trata de analizar las formas poéticas del lenguaje, y nada más que del lenguaje. En la medida en que tengamos resultados positivos será lícito hacerlos extensivos fuera del terreno literario..."
Jean Cohen, *Estructura del lenguaje poético*, Editorial Gredos, 3ª reimpresión 1984, España, p. 10

[2] "Escribir es muy simple. O bien es una manera de re-territorializarse, de adecuarse a un código de enunciados dominantes, a un orden de cosas establecidas: y ese no es sólo el caso de las escuelas y de los autores, sino de todos los profesionales de una escritura incluso no literaria. O bien, al contrario, es devenir, devenir otra cosa que escritor, puesto que aquello que uno deviene, deviene a su vez otra cosa que escritura. Todo devenir no pasa por la escritura, pero todo lo que deviene es objeto de escritura, de música o de pintura. Todo lo que deviene es una pura línea que ya no representa nada."
Gilles Deleuze, Claire Parnet, *Diálogos*, Pre-textos, España, 1980, pp. 84-85

Gilles Deleuze (...) argumenta que Foucault "debe ser entendido en cuanto ha sustituido con una dupla de visibilidad y discursividad a la estética trascendental del siglo XIX de espacio y tiempo (...) Ni lo visible ni lo articulable (en contraste con una estética trascendental Kantiana) sería un don eterno; cada modo sería susceptible de un análisis histórico, o hablando con mayor precisión en Foucault, arqueológico, que revelaría su carácter específico en diferentes contextos.

"La visión no sería generalmente sospechosa o denigrada; más bien, cada situación estaría abierta a un análisis visual".
G. Deleuze, *Foucault*, Ed. Paidos, Studio, México, 1987, pp. 41 yss.

Bibliografía básica:

- *La guerra de las imágenes, De Cristóbal Colón a "Blade Runner" (1492-2019)*, Fondo de Cultura Económica, México, 1994.

-Paolo Fabbri, *El giro semiótico*, Gedisa Ed., Col. El mamífero parlante, pp. 73 y ss., Barcelona, 2000.

-Paolo Fabbri, *Tácticas de los signos, Ensayos de semiótica*, Gedisa Ed., Col. El mamífero parlante, pp. 175 y ss., Barcelona, 1995.

-Gilles Deleuze, Claire Parnet, *Diálogos*, Pre-textos, España, 1980, pp. 61-62

-G. Deleuze, *Foucault*, Ed. Paidos, Studio, México, 1987, pp. 41 y ss.

-Fernando Zamora Águila, *Filosofía de la imagen, Lenguaje, imagen y representación*, Escuela Nacional de Artes Plásticas, UNAM, México, 2007, pp. 125 y ss.

-Noé Cárdenas, artículo "José Juan Tablada, adelantado de la poesía mexicana", en *Gaceta UNAM*, 23 de noviembre de 1987, p. 27.

-Gordon, Samuel (2003). Estéticas de la brevedad. Revista Fractal, 3. Obtenido el 26 de septiembre de 2018 desde https://www.mxfractal.org/F30gordon.html

-Dick Higgins, Pattern Poetry. *Guide to an Unknown Literature*, Nueva York: State University of New York Press, 1987

-Schneider, Luis Mario, prologo "El Estridentismo a vuelo de pájaro" en *El Estridentismo*, antología Cuadernos de Humanidades Nº 23, UNAM, 983, p. 5.

-Schneider, Luis Mario, Introducción en *El Estridentismo México 1921-1927*, UNAM, 1985, p. 35.

-Zárate, Armando, *Antes de la vanguardia, Historia y morfología de la experimentación visual: de Teócrito a la Poesía Concreta*, Rodolfo Alonso Ed., Buenos Aires, 1976, p. 103.

Algunas referencias de Internet:

Apuntes sobre la poesía experimental de los noventa
por Raydel Araoz
http://www.eictv.co.cu/miradas/index.php?option=com_content&task=view&id=21&Itemid=99999999
cplich@cubarte.cul.cu

¿Qué es la poesía experimental?,
por Amaya Mendizábal, en revista artesanal *Iguazú Mercuriana*, Febrero 2008 *http://idazki.net/mercuriana/?page_id=22*

Literatura visual, Carmen Javaloyes, *CASAESCRITURA*, diciembre 2008 *https://es.scribd.com/doc/113128673/Literatura-Visual*

Figuras y formas de la poesía visual (3), por Victoria Pineda, Cyber Humanitatis Nº 21 (verano 2002)
https://web.uchile.cl/vignette/cyberhumanitatis/CDA/texto_sub_simple2/0,1257,PRID%253D71%2526SCID%253D502%2526ISID%253D5,00.html
http://elcatalejo.com/tag/poesia-experimental

FORMA, FUNCIÓN Y SIGNIFICACIÓN EN POESIA VISUAL,
Laura López Fernández, *Tonos REVISTA ELECTRÓNICA DE ESTUDIOS FILOLÓGICOS*
http://www.actiweb.es/hipertextos/archivo6.pdf

Una Uña (introducción) Nuevas Tendencias Experimentales: La corporalización del signo (est-ético): Argentina, Brasil y Chile. FIGURAS Y FORMAS DE LA POESÍA VISUAL (3), VICTORIA PINEDA, Universidad de Extremadura,
http://www.saltana.org/1/docar/0439.html

Galaxias: exploración de la poesía experimental. Aproximación a la ética de la acción poética
Por Angye Gaona, XIII Escuela de Poesía de Medellín,
https://www.festivaldepoesiademedellin.org/es/Escuela/XIII/gaona.html

DECLARACIONES DEL CHOPO 1996 y 2012
Emitidas por las BIPVE

I DECLARACION "DEL CHOPO
V BIENAL INTERNACIONAL DE POESIA
VISUAL/EXPERIMENTAL
(Formas PIAS) "Guillermo Deisler" (Chile, 1940-1995),
1996

Los participantes en la V Bienal Internacional de Poesía Visual/Internacional (Formas PIAS) consideran que la poesía visual y experimental se renueva periódicamente para reflejar la sensibilidad de su época y, en relación al futuro y a la necesaria ampliación organizativa a que nos obliga la permanente renovación de sus medios, sobre todo los generados en la industria de la comunicación:

Declaran su aspiración a ver concretada una base de operaciones que asegure a todos los cultores de la poesía experimental el almacenamiento, distribución, selección y difusión de cuanta información verse sobre los asuntos de su concernencia. En este sentido, sugieren a la Asociación *Poesía Vixual-México/ Internacional* que tome a su cargo la tarea de instituir una base de datos electrónica que recoja dicha información, la seleccione y la distribuya a sus integrantes por vía de Internet y otros medios.

Sugieren también que dicha Asociación proponga nombres de poetas experimentales para la constitución de un comité internacional organizativo de las futuras bienales. Y que proponga sus atribuciones y deberes.

Saludan fraternalmente a los poetas uruguayos y argentinos, les felicitan por la iniciativa de instaurar un encuentro internacional de poesía experimental y les sugieren llevar a cabo una encuesta, previa al encuentro, sobre el tema: "Las posibilidades futuras de la poesía experimental a la luz de los avances tecnológicos mediáticos del fin del siglo", no sólo a instancias del puro saber sino también con el objeto de abrir a todos la opción de utilizar esos medios y conocer la situación en la cual se encuentran tales investigaciones.

Y declaran, finalmente, su deseo de que toda la comunidad de poetas experimentales del mundo vaya generando, desde nuestra cercanía con la palabra en sus múltiples dimensiones, la posibilidad de que todas las mujeres, todos los hombres, todos los niños, todos los jóvenes, puedan expresarse dentro de la perspectiva infinita y cotidiana de la re/creación y preservación de nuestro entorno global, convencidos de que a través del diálogo irrestricto y sin exclusiones es como florece la comunicación genuina y la paz. -----*Ciudad de México, 20 de enero de 1996*

Firman
DICK HIGGINS/ E.U.A.
CÉSAR ESPINOSA/México
BRYAN MC HUGH/E.U.A.
ARRIGO LORA TOTINO/Italia
EMILIO MORANDI/Italia
GIOVANNI STRADA DA/Italia
FRIDA MEDÍN/Puerto Rico
FRANCA M. MORANDI/ Italia
ARACELI ZÚÑIGA/México
LILIA MORALES/México
ENZO MINARELLI/Italia
IVETTE ROMÁN/Puerto Rico
PEDRO JUAN GUTIÉRREZ/Cuba
CLEMENTE PADÍN/Uruguay
AURORA BERLANGA/México
MIGUEL ANGEL CORONA/México
SILVANA DABAT/Argentina
ADRIANA ESPINOSA/México
RENATA STRADA DA/Italia
DR. KLAUS GROH/Alemania

II Declaración "Del Chopo"

Somos artistas/productores-discrepantes/exploradores de lo estético-histórico; de la palabra-signo, de la palabra-símbolo; somos quienes, a través de la conjunción de acciones y voluntades solidarias, queremos conformar una agrupación enraizada en la sociedad civil dispuesta a evolucionar al ritmo del futuro tecnológico; pero siempre mirando la senda recorrida para, de modo crítico, continuar y profundizar en las actividades y alcances que tuvieron las **diez Bienales Internacionales de Poesía Visual-Experimental** llevadas a cabo en México durante el periodo 1985-2009.

Nuestro objetivo es planificar, coordinar y difundir labores de investigación, compilación, producción, docencia y difusión relacionadas con la experimentación poética, ya sea a través de medios tradicionales como de medios electrónicos y virtuales, a fin de compilar, organizar y resguardar debidamente los trabajos artísticos y el acervo de libros, catálogos, folletos y publicaciones varias de numerosos países recopilados a través de estas Bienales.

A partir de 2009, año en que resolvimos dar por terminado el ciclo de las Bienales en su forma de exposiciones/festivales de alcance mundial, hemos migrado inicialmente a la labor de divulgación en la web; para ello, hemos subido un *Weblog*[1] y una página en Facebook destinados a presentar tanto los trabajos que se mostraron en la X (*La Última*) Bienal, como una historia sucinta de las Bienales anteriores, además de la difusión de los aportes que recibimos de nuestros amigos y

---

[1] (http://profunbipoviex.blogspot.mx/search?updated-min=2011-01-01T00:00:00-08:00&updated-max=2012-01-01T00:00:00-08:00&max-results=9)

colegas y dar a conocer el inventario de las publicaciones y libros que nos hicieron llegar.

Tal acción la emprendimos en concordancia con la ***Primera Declaración del Chopo***, del 20 de enero de 1996, que planteaba como su aspiración:

> ver concretada una base de operaciones que asegure a todos los cultores de la poesía experimental el almacenamiento, distribución, selección y difusión de cuanta información verse sobre los asuntos de su concernencia. En este sentido, sugieren [...] la tarea de instituir una base de datos electrónica que recoja dicha información, la seleccione y la distribuya a sus integrantes por vía de Internet y otros medios.

Esta voluntad resintió obstrucciones debido a razones ajenas a la poesía, aunque cercanas a la desazón; sin embargo, hoy día, cuando las redes sociales, la evolución geométrica del Internet y el interés cada vez más generalizado por las relaciones entre arte, ciencia y tecnología y toda la gama de sus hibridaciones, permean con más fuerza el quehacer teórico, creativo y de divulgación de la cultura en México, creemos que es momento de iniciar una nueva etapa, colectiva, plural, incluyente, que invite a los artistas y escritores jóvenes hacia las opciones de la experimentación poética visual, virtual, sonora, performática...

A pesar de que, es lamentable decirlo, aún persista una cierta apatía (que parece más bien pánico a lo desconocido) por parte de estudiosos y creadores de las generaciones "preweb" hacia las alternativas que ofrece el líquido concepto transversal de *"arteliteraturapoesía"* vigente en nuestros días. Esto es, de la transmedialidad, la transtextualidad y todos los procesos multimedia que encuentran en la intersección de los lenguajes artísticos y tecno-científicos oportunidades inéditas para metaforizar desde perspectivas inusitadas la creatividad.

Esta "Declaración", como todo quehacer humano, aparece estrechamente relacionada con otros fenómenos concomitantes. Así, en el panorama mundial sigue adelante un fuerte impulso hacia las artes y la poesía que se desarrollan ajenas al mercado y al mundo del arte: como el archivo activo de César Reglero Campos; el extenso y festivo trabajo de John M. Bennett, la investigación/acción de G.G. Marx, siempre en la línea y en movimiento; el ingente recuento de poesía digital de Jorge Luiz Antonio, en Brasil, o el arte militante intra/suprartístico de Roberto Ncar; quienes se aventuran por las búsquedas trans/multi/metadisciplinarias orientadas hacia la transgresión formal y de conciencia, de rechazo y resistencia al imperio del llamado arte "mercantil, mediático y de espectáculo".

En 2009 terminamos un ciclo de veinticuatro años con experiencias múltiples, con encuentros, desencuentros y muchos afectos; todas ellas experiencias naturales en este tipo de actividades paralelas a las artes convencionales en México y el mundo. Hemos sido y somos una Bienal Internacional reconocida en el mundo. Hemos convocado a muchos artistas extranjeros y nacionales y hemos recibido trabajos que hoy conforman un amplísimo archivo, único en México, de poesía manifestada en una gran variedad de múltiples y sinestésicas posibilidades de experimentación.

¿Qué pasará con este archivo de poesía sonora, visual, libro objeto, libros y textos teóricos en torno a la experimentación de la palabra multidimensional? Es trabajo de todos los interesados en el futuro de la experimentación poética en México propiciar que estas actividades entablen lazos de coordinación con las instituciones oficiales de cultura, así como con la iniciativa privada, conservando en todo momento sus capacidades críticas y de independencia creativa.

Quienes, hoy, suscribimos aquí la **Segunda Declaración del Chopo**, abrimos el espacio necesario de colaboración para la preservación y clasificación de este material invaluable para la historia de la literatura y el arte mexicanos, tanto como del panorama internacional. Catalogar, difundir y digitalizar este archivo constituye una acción fraterna de resguardo y renovación. Por ello, gracias al apoyo incondicional que nos brinda el Museo Universitario del Chopo de la UNAM, abrimos la puerta a una nueva etapa de trabajo colectivo. Así, declaramos iniciados los trabajos de diseño, planeación y consolidación de la organización *"Bienales Internacionales de Poesía Visual-Experimental"*, *A.C.* Sean bienvenidos quienes así lo quieran.

Museo Universitario del Chopo, Ciudad de México,
septiembre 21 de 2012

Araceli Zúñiga,
César Espinosa,
Clemente Padín
(y todos los firmantes
que quieran hacerlo).

SIC
ARTE-CORREO Y POEINSTANTES
(archiescrituras)
César Espinosa

ÍNDICE

p. 1   Preface,
         John M. Bennett

p. 3   Prefacio,
         John M. Bennett

p. 7   1980 – Arte-Correo y Poeinstantes,
         César Espinosa

p. 9   *SIC*,
         César Espinosa

p. 41 De Las Mutaciones,
         Araceli Zúñiga

p. 55 Las Escrituras de la Mirada,
         César Espinosa

p. 85 DECLARACIONES DEL CHOPO 1996 y 2012

p. 91 Índice

www.ingramcontent.com/pod-product-compliance
Lightning Source LLC
Chambersburg PA
CBHW041615220426
43670CB00004B/60